FLAUTA fácil

MÉTODO PRÁTICO PARA PRINCIPIANTES

Celso Woltzenlogel

Inclui acesso aos áudios com 36 melodias brasileiras e estrangeiras para serem tocadas em playback pela flauta transversal, pela flauta doce e pelo pífaro

Nº Cat.: 395-M

Irmãos Vitale Editores Ltda.
vitale.com.br
Rua Raposo Tavares, 85 São Paulo SP
CEP: 04704-110 editora@vitale.com.br Tel.: 11 5081-9499

© Copyright 2008 by Irmãos Vitale Editores Ltda. - São Paulo - Rio de Janeiro - Brasil.
Todos os direitos autorais reservados para todos os países. *All rights reserved*.

CIP-BRASIL CATALOGAÇÃO-NA-FONTE
SINDICATO NACIONAL DOS EDITORES DE LIVROS, RJ

W849f

Woltzenlogel, Celso, 1940-
    Flauta fácil : método prático para principiantes / Celso Woltzenlogel. - São Paulo : Irmãos Vitale, 2008. 60p.
    Acompanha acesso aos áudios

    ISBN 978-85-7407-228-9

    1. Flauta - Instrução e estudo. 2. Flauta - Métodos. I. Título.
08-0149.　　　　　　　　　CDD: 788.5
　　　　　　　　　　　　　　CDU: 788.5
15.01.08　15.01.08
004897

CRÉDITOS:
Ilustração da capa
Marcia Fialho
Projeto gráfico e capa
Marcia Fialho/Danilo David
Revisão de texto
Karina Woltzenlogel
Fotos
P.6 e contracapa:
Constanza Woltzenlogel
demais fotos - Marcia Fialho
Editoração Eletrônica e Formatação Musical
Marcos Teixeira
Gerente de projeto
Denise Borges
Produção executiva
Fernando Vitale

CRÉDITOS DOS ÁUDIOS:
Gravado por
Rodrigo de Castro Lopes
no estúdio Umuarama
em janeiro de 2008
Flauta
Celso Woltzenlogel
Arranjos automatizados
Lucio Chaves
Masterização
Rodrigo de Castro Lopes

SUMÁRIO

Introdução   5

Primeira parte
Emissão do som – Primeiros exercícios   7
Passo a passo da respiração diafragmática   10
A flauta: descrição, montagem, cuidados e manutenção   11
Como segurar a flauta: posição do corpo, braços e dedos   13
Emissão do som na flauta completa   15
Como afinar a flauta   17
Como estudar   17

Segunda parte
Esquema do dedilhado da flauta   18
Dedilhado da flauta com o pé em Dó   19

Terceira parte
Exercícios com os áudios   20

Quarta parte
Escalas maiores e menores mais utilizadas   35

Quinta parte
Duetos   46

Sexta parte
Princípios básicos de teoria musical   52

Sétima parte
Biografia resumida dos autores das melodias   56

Dedilhado das duas primeiras oitavas   60

ÍNDICE DOS ÁUDIOS

Faixa 01 - Apresentação e Diapasão
Faixa 02 - Nota Si médio
Faixa 03 - Nota Lá grave
Faixa 04 - Exercício nº 1
Faixa 05 - Nota Sol grave
Faixa 06 - Exercício nº 2
Faixa 07 - Nota Dó médio
Faixa 08 - Exercício nº 3
Faixa 09 - Nota Ré médio
Faixa 10 - Exercício nº 4
Faixa 11 - Nota Mi médio
Faixa 12 - Exercício nº 5
Faixa 13 - Fais dodo, Colin
Faixa 14 - Pequeno Tema
Faixa 15 - Maria Santana
Faixa 16 - Nota Fá médio
Faixa 17 - Nota Sol médio
Faixa 18 - When the Saints Go Marching In
Faixa 19 - Lightly Row
Faixa 20 - L'Abeille
Faixa 21 - J'ai du bon tabac
Faixa 22 - Muié Rendera
Faixa 23 - Nota Lá médio
Faixa 24 - Old MacDonald Had a Farm
Faixa 25 - Oh du lieber Augustin
Faixa 26 - Nota Si agudo
Faixa 27 - Viúva Alegre
Faixa 28 - Nota Dó agudo
Faixa 29 - Old Folks at Home
Faixa 30 - Peixe Vivo
Faixa 31 - Nota Fá grave
Faixa 32 - Nota Si bemol médio
Faixa 33 - Cantiga de Ninar
Faixa 34 - Hino à Alegria
Faixa 35 - Nota Si bemol agudo
Faixa 36 - As Estações – Outono
Faixa 37 - Nota Mi bemol médio
Faixa 38 - Frère Jacques
Faixa 39 - Jingle Bells
Faixa 40 - Nota Dó sustenido médio
Faixa 41 - Ária
Faixa 42 - Nota Fá sustenido médio

Faixa 43 - Nota Fá sustenido grave
Faixa 44 - Noite Feliz
Faixa 45 - Judas Macabeo
Faixa 46 - Nota Mi grave
Faixa 47 - Escravos de Jó
Faixa 48 - Nota Ré grave
Faixa 49 - Aura Lee
Faixa 50 - Amazing Grace
Faixa 51 - O Tannenbaum
Faixa 52 - Nota Sol sustenido grave
Faixa 53 - Minueto de Purcell
Faixa 54 - Olhos Negros
Faixa 55 - Nota Sol sustenido médio
Faixa 56 - Nesta Rua - Atirei o Pau no Gato
Faixa 57 - Oh! Suzana
Faixa 58 - Sakura, Sakura
Faixa 59 - Hatikvah
Faixa 60 - Nota Mi bemol grave
Faixa 61 - Minueto de Bach
Faixa 62 - Nota Dó grave
Faixa 63 - Nota Dó sustenido grave
Faixa 64 - Tema Singelo
Faixa 65 - Furusato
Faixa 66 - I've Been Working on the Railroad
Faixa 67 - Samba-lê-lê

 Arquivos de áudio *play-a-long* em MP3 estão disponíveis para *download* gratuito em:

vitale.com.br/downloads/audios/395-M.zip

ou através do escaneamento do código abaixo:

Obs.: *Caso necessário, instale um software de descompactação de arquivos.*

INTRODUÇÃO

O Método Flauta Fácil foi concebido para todos os que desejam iniciar o estudo da flauta transversal de uma maneira simples e agradável, sem se preocupar com o rigor dos estudos tradicionalmente adotados nos conservatórios e nas escolas de música.

Este método está dividido em sete partes. Na primeira parte, estão as informações técnicas sobre a emissão do som, respiração, postura, descrição e montagem da flauta. A segunda parte é dedicada ao dedilhado geral da flauta através de diagramas. Na terceira parte, o aluno irá escutar os áudios que acompanha este método. Nele, estão contidos exercícios sobre a emissão das notas que servirão de preparo para se tocar as melodias do nosso folclore e dos grandes mestres estrangeiros, selecionadas por grau de dificuldade. A quarta parte é dedicada ao estudo das escalas maiores e menores mais utilizadas. Na quinta parte, estão seis duetos de fácil execução. Na sexta parte, os princípios básicos de teoria musical e, para concluir, as biografias dos autores das melodias contidas nos áudios.

Todos os exercícios incluídos nos áudios obedecerão ao seguinte modelo: primeiramente, você ouvirá as batidas rítmicas e as notas tocadas pelo professor. Em seguida, novamente o ritmo e, então, será a sua vez de tocar acompanhado pelo playback. O mesmo acontecerá com as melodias; primeiramente, você ouvirá o exemplo do professor e, na repetição, só o acompanhamento. Uma contagem de dois, três ou quatro tempos, precedendo o início de cada melodia, o conduzirá ao princípio da música.

Inicialmente, você ouvirá o Si natural escrito na terceira linha, o qual será chamado de Si médio (*). É uma das notas mais fáceis de emissão e que servirá como diapasão para afinar a sua flauta. Será com ela que daremos início aos nossos exercícios. Após cada nota aprendida, seguir-se-á um pequeno exercício melódico. Antes de tocar as melodias, recomendamos praticá-las lentamente e, assim que se sentir seguro, tocá-las ouvindo os áudios. Depois de familiarizar-se com as harmonias empregadas, aproveite para improvisar.

As respirações recomendáveis estão assinaladas com um "V". Em caso de necessidade, pode-se respirar nos compassos indicados por uma vírgula ou nas pausas mais longas. Antes de iniciar uma melodia ou um exercício, procure respirar profundamente para ter sempre uma boa quantidade de ar nos pulmões, o que facilitará a sua reposição.

---

* Nomenclatura usada, embora a maioria das flautas, modelo estudante, não tenha o Si grave, encontrado nas flautas com o pé em Si.

Em algumas melodias, a articulação mais musical é feita com notas ligadas. Entretanto, no princípio, o aluno poderá tocá-las destacadas.

Por se tratar de um método para principiantes, trabalharemos somente com as duas primeiras oitavas. Assim, todas as melodias poderão ser tocadas também pela flauta doce e pelo pífaro. Pela mesma razão, deixamos de empregar os sinais de dinâmica e de intensidade.

As escalas diatônicas, cromáticas e com intervalos de terças, contidas na quarta parte, deverão ser praticadas lentamente. É importante, desde já, preocupar-se com a qualidade do som e principalmente da afinação.

Finalmente, lembramos que a perseverança é o único meio para se atingir um objetivo!

Aos interessados em se aperfeiçoar, recomendamos o Método Ilustrado de Flauta deste mesmo autor.

Este método é dedicado à minha esposa Alicia, às minhas filhas Karina e Constanza, ao meu neto Filipe e a todos os meus alunos que me incentivaram a realizar este trabalho.

Celso Woltzenlogel

Primeira parte
EMISSÃO DO SOM - PRIMEIROS EXERCÍCIOS

Ao contrário de todos os instrumentos de sopro, a flauta transversal e as flautas de tubos conhecidas como flauta de Pan, Syrinx ou Zamponha são as únicas que utilizam apenas uma parte do ar na produção do som.

Para compreender mais facilmente o mecanismo da produção do som na flauta transversal, recomendamos praticar inicialmente com uma garrafa de vidro ou de plástico, ou até mesmo com a tampa de uma caneta (Fig. 1).

Apóie o lábio inferior na borda do gargalo, cobrindo-o ligeiramente e soprando para frente de maneira a produzir um filete de ar dirigido para a borda externa do gargalo. Se nas primeiras tentativas não obtiver sucesso, modifique a força e a direção do ar.

Esse mesmo princípio será utilizado na produção do som na flauta. Em seguida, passaremos a emitir os primeiros sons, utilizando-se apenas o bocal (cabeça). Existem várias teorias sobre a produção do som na flauta. Praticamente, poderíamos dizer que ele é produzido pelo atrito do filete de ar contra a borda externa do orifício do bocal. Uma pequena parte de ar penetra no tubo e a outra se dispersa. A pureza do som dependerá, portanto, da quantidade de ar e da direção do filete de ar.

Fig. 1

EMISSÃO DO SOM NO BOCAL

Segure o bocal com as duas mãos, tapando a extremidade, e leve-o aos lábios conforme a ilustração (Fig. 2). O porta-lábio deverá ser colocado sob o lábio inferior, apoiado na parte côncava do queixo, procurando sentir a borda inferior do orifício no início da parte vermelha do lábio. É importante não pressionar muito o bocal de encontro ao lábio, pois há sempre o risco de "estrangular o som".

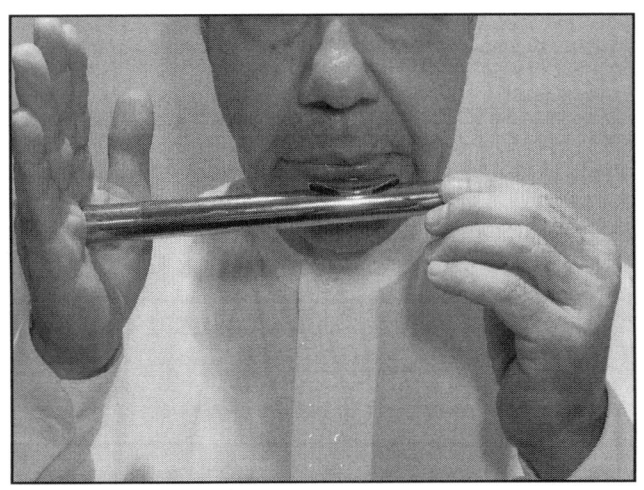

Fig. 2

A maneira mais natural de se posicionar os lábios para a produção do som é sorrir com a boca fechada (Fig. 3).

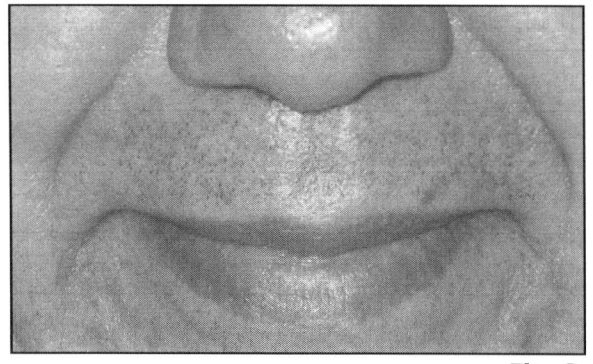

Fig. 3

Em seguida, posicione a ponta da língua no centro dos lábios de maneira a provocar uma pequena abertura por onde o ar escapará. A língua estará funcionando como uma válvula.

Agora, você já está pronto para produzir o primeiro som. Respire lentamente pelo nariz, sem levantar os ombros, e sopre como fez anteriormente na garrafa, mas, desta vez, com um ligeiro ataque com a ponta da língua como se fosse cuspir um pedacinho de papel ou um grãozinho de arroz. Para facilitar o ataque, pronuncie a sílaba "TU".

Dirija o jato de ar bem no centro do orifício do bocal, colocando-o logo abaixo da abertura dos lábios por onde o ar escapa.

Com a extremidade do bocal tapada pela palma da mão, a nota resultante será um Lá grave de fácil emissão.

Uma vez emitido o som, procure mantê-lo por alguns segundos. Caso não tenha êxito nas primeiras tentativas, não se preocupe. Repita o exercício, girando o bocal ligeiramente para dentro ou para fora ou, ainda, posicione-o mais para a direita ou mais para a esquerda até encontrar a posição correta. Ao encontrá-la, pressione o orifício do porta-lábio de encontro ao lábio inferior, na parte vermelha, de maneira a sentir a borda afiada do bocal. Fixe essa posição. Repita o exercício várias vezes, colocando e retirando o bocal do lábio inferior até automatizá-lo.

A seguir, pratique a emissão do som. Desta vez, apóie suavemente o bocal de encontro aos lábios.

O próximo passo será repetir o mesmo exercício, mas sem tapar a extremidade do bocal. A nota resultante será um Lá bemol oitava acima, talvez um pouco mais difícil de produzir. Caso encontre dificuldade nas primeiras tentativas, proceda como no exercício anterior, modificando a posição do bocal.

Observe o tamanho da abertura dos lábios. Se estiver muito aberta, haverá uma perda de ar muito grande e o som resultante soará muito pobre com a predominância do chiado. Se, ao contrário, a abertura estiver muito fechada, o som resultará muito "espremido". Procure um meio termo até conseguir um som agradável.

Ex. 1 (com o bocal vedado)

Ex. 2 (com o bocal aberto)

As crianças, que ainda não conseguem segurar corretamente a flauta transversal, poderão iniciar o aprendizado com o pífaro de plástico, como o modelo da Yamaha, que não deixa de ser uma flauta em miniatura, apenas sem o mecanismo das chaves. As notas das duas primeiras oitavas têm o dedilhado semelhante ao da flauta transversal.

Recomendamos, também, exercitar inicialmente só com o bocal, tapando-se a sua extremidade com a palma da mão direita. A seguir, montar o instrumento e praticar as notas de acordo com o seu manual.

Nas flautas de metal, a emissão correta do som poderá ser comprovada pelo embaçado, em forma de triângulo, produzido pelo filete de ar contra o porta-lábio (Fig. 4). Esse fenômeno será mais facilmente percebido sempre que o porta-lábio estiver frio, pois é no contato do ar quente expirado com o metal frio que ele se produz. Quando observar o embaçado irregular, é sinal de que a embocadura não está correta (Fig.5). Por isso, é aconselhável praticar esse exercício em frente a um espelho.

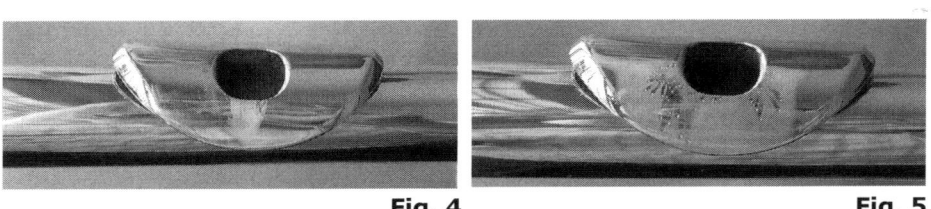

Fig. 4   **Fig. 5**

Antes de montar a flauta e praticar as primeiras notas, deve-se aprender a respirar corretamente.

Normalmente, ao respirar, levantamos os ombros e encolhemos a barriga. Os instrumentistas de sopro e os cantores respiram de maneira diferente. Empregam a chamada "respiração diafragmática". Esta maneira de respirar permite que se encham totalmente os pulmões e que se tenha maior controle da expiração.

PASSO A PASSO DA RESPIRAÇÃO DIAFRAGMÁTICA

1. De pé, com os calcanhares e os ombros apoiados numa parede, solte, pela boca, todo o ar contido nos pulmões, encolhendo a barriga. Expulse o ar com a língua entre os dentes, pronunciando um "S" sibilado (sssss...).

2. Inspire lentamente pelo nariz, empurrando a barriga para fora.

3. Expire lentamente pela boca, pronunciando o sibilado e encolhendo a barriga até esgotar o ar contido nos pulmões.

Uma vez entendido o funcionamento desse mecanismo, pratique afastado da parede e, também, deitado em decúbito dorsal (barriga para cima).

Nessa primeira etapa, enche-se apenas uma parte dos pulmões. O próximo passo será enchê-los totalmente o que se consegue da seguinte maneira:

Imagine dividir os pulmões em três partes: base, parte média e parte superior.

Sempre com os calcanhares e os ombros apoiados na parede, inspire lentamente pelo nariz, enchendo apenas a base. Retenha a inspiração por um ou dois segundos e continue inspirando para encher a parte média.

Retenha a inspiração novamente por um ou dois segundos e continue inspirando para encher a parte superior.

Com os pulmões cheios de ar, comece a exalar o ar pela boca, produzindo o sibilado. (*)

De agora em diante, esta será a maneira como o flautista irá respirar. Além de ser muito mais saudável, pois se oxigenam todos os pulmões, a respiração diafragmática possibilita conseguir um som mais timbrado e homogêneo. Os saltos de oitava e os decrescendos resultam fáceis e afinados.

Durante a execução musical, sempre que houver possibilidade, deve-se inspirar pelo nariz, pois, desta maneira, consegue-se tomar uma grande quantidade de ar. Nas passagens rápidas, deve-se respirar sempre pela boca.

---

* Você encontrará mais detalhes sobre respiração no Método Ilustrado de Flauta deste mesmo autor.

A FLAUTA – DESCRIÇÃO, MONTAGEM, CUIDADOS E MANUTENÇÃO

A flauta é dividida em três partes: a cabeça ou bocal, onde se localiza a embocadura; o corpo, onde se concentra a maior parte das chaves do mecanismo, e o pé, onde se encontra o restante das chaves. Esta divisão em três partes facilita sua colocação num estojo pequeno e prático de carregar (Fig.6).

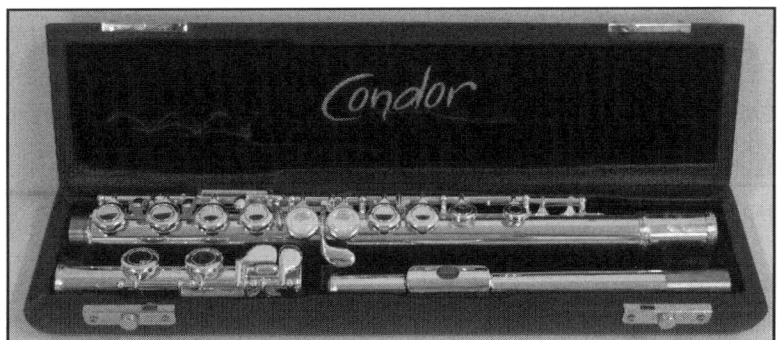

Fig. 6

Ao montá-la, é necessário o maior cuidado para não se tocar no seu mecanismo. Para tal, com a mão esquerda, deve-se segurar o corpo em sua parte superior, onde se encontra gravada a marca da flauta. Com a mão direita, coloque o pé, em sentido giratório, segurando-o pela extremidade posterior (Fig.7). Em seguida, segurando o corpo com a mão direita, coloque o bocal (cabeça), introduzindo-o no corpo, também, em sentido giratório (Fig. 8).

Fig. 7

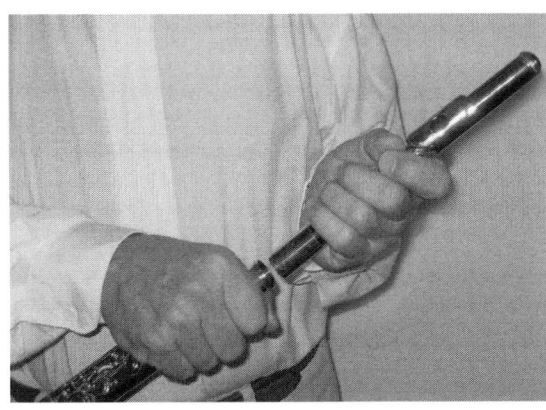

Fig. 8

Na maioria das vezes, a haste que sustenta as chaves do pé fica alinhada conforme a ilustração abaixo (Fig. 9), posição esta variável segundo o tamanho dos dedos de cada um. Procure uma posição confortável de maneira a manter o dedo mindinho arqueado.

Fig. 9

Finalmente, é importante observar o alinhamento do mecanismo em relação ao orifício do bocal, que deverá estar ligeiramente voltado para dentro (Fig. 10).

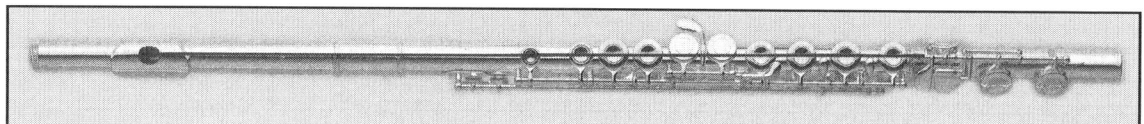
Fig. 10

Embora este alinhamento sofra variações segundo a embocadura de cada flautista, é de fundamental importância que, no momento da execução, as chaves estejam rigorosamente horizontais para propiciar uma posição descontraída dos dedos.

Mantenha a flauta sempre limpa após cada uso. Antes de guardá-la no estojo, enxugue o seu interior, utilizando a vareta apropriada que acompanha a flauta, em cuja extremidade deverá ser colocado um pano absorvente. Cada parte deverá ser limpa separadamente. Finalmente, limpe o seu exterior, usando um pano macio para remover a gordura dos dedos e conservá-la brilhante.

Ao limpar seu exterior com um pano seco e macio, tenha o cuidado para não tocar nas sapatilhas. Estas são feitas de uma rodela de feltro revestida por uma fina película denominada "baudruche" (pele de intestino de peixe ou de novilho). Por esta razão, jamais se deverá utilizar produtos químicos para polir. Deixe este serviço para um profissional.

Mantenha, também, sempre limpo o orifício do bocal, utilizando um cotonete embebido em álcool. Ao lubrificar as juntas e os parafusos, use somente óleo de relojoeiro ou similar. O óleo mineral simples, por exemplo, pode ser encontrado facilmente nas farmácias.

Ocasionalmente, devido às condições atmosféricas, a saliva acumulada no interior do tubo escorre para as chaves, formando uma bolha e impedindo o seu funcionamento. Geralmente, as chaves mais afetadas são o Sol sustenido, Ré sustenido, Si e as pequenas chaves de trinados (espátulas 2 e 3). Neste caso, deve-se usar um papel absorvente colocado entre as chaves para enxugá-las.

COMO SEGURAR A FLAUTA: POSIÇÃO DO CORPO, BRAÇOS, MÃOS E DEDOS

Há duas maneiras de se tocar a flauta: de pé ou sentado.

Em ambos os casos, é fundamental uma postura correta. Muitos dos defeitos na emissão do som são causados por posições incorretas, daí a necessidade de se observar as seguintes regras:

De pé: Com os pés ligeiramente afastados, apóie o corpo tanto numa como noutra perna. Mantenha os braços afastados do tórax e a cabeça erguida, ligeiramente inclinada para a esquerda, para compensar o equilíbrio, já que a flauta se toca à direita.

Sentado: Com o busto ereto, evite apoiar o dorso no encosto da cadeira.

A flauta é sustentada em quatro pontos básicos: o lábio inferior, a base do dedo indicador da mão esquerda, o dedo polegar e o dedo mínimo da mão direita (Figs. 11 e 12).

Fig. 11

Fig. 12

O braço esquerdo tem como finalidade aproximar o bocal da flauta ao maxilar. O braço e a mão direita, por sua vez, permitem posicionar a flauta por meio de movimentos circulares. Desta maneira, pode-se variar a posição do instrumento para facilitar a emissão do som. Para uma posição mais natural, é aconselhável que os cotovelos estejam aproximadamente na mesma altura, voltados para fora. Esta posição permite maior expansão do tórax e, conseqüentemente, maior capacidade respiratória.

No princípio, o aluno terá certa dificuldade em manter os braços na posição indicada, por ser um pouco incômoda, mas aos poucos a ela se habituará.

Por outro lado, o equilíbrio conseguido permitirá aos dedos uma ação descontraída, indispensável para uma boa execução. Estes deverão ficar arqueados, próximos às chaves, cuidando-se para não ultrapassá-las.

Para facilitar que os dedos da mão esquerda alcancem as chaves, deve-se flexionar o punho conforme a ilustração (Fig. 13). A mão direita repousará naturalmente sobre as chaves, graças ao apoio do polegar e do dedo mínimo (mindinho).

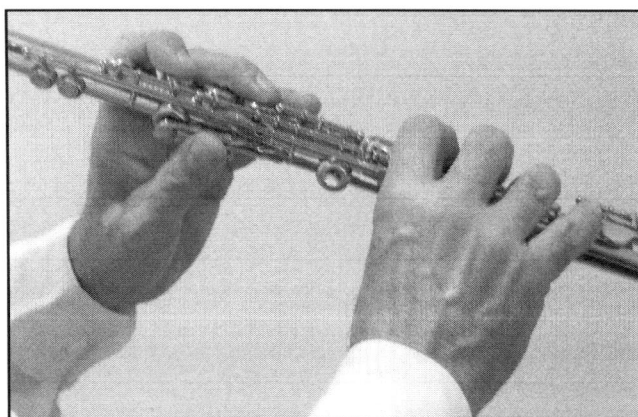

Fig. 13

As flautas conhecidas como modelo francês (chaves abertas) são as mais indicadas para o aprendizado inicial, porque obrigam o aluno a colocar corretamente os dedos sobre os orifícios das chaves.

A prática em frente ao espelho facilitará as correções que se fizerem necessárias.

EMISSÃO DO SOM NA FLAUTA COMPLETA

Agora que você já aprendeu a respirar corretamente, que conseguiu produzir os primeiros sons no bocal e que já tem as noções de como segurar a flauta, é chegado o momento de produzir as primeiras notas com a flauta completa.

Neste método, serão usadas apenas as duas primeiras oitavas, ou seja, do Dó 3 (Dó central do piano) ao Dó 5.

Observe que os dedilhados das duas primeiras oitavas são exatamente iguais, com exceção do Ré, Ré sustenido, Dó e Dó sustenido graves. A diferença fundamental entre essas duas oitavas está na maneira de soprar.

Na região grave, sopra-se mais suavemente, direcionando o jato de ar mais para baixo (Figs. 14 e 15). Na região média, sopra-se com mais intensidade. Neste caso, o jato de ar deve ser dirigido mais horizontalmente (Figs. 16 e 17).

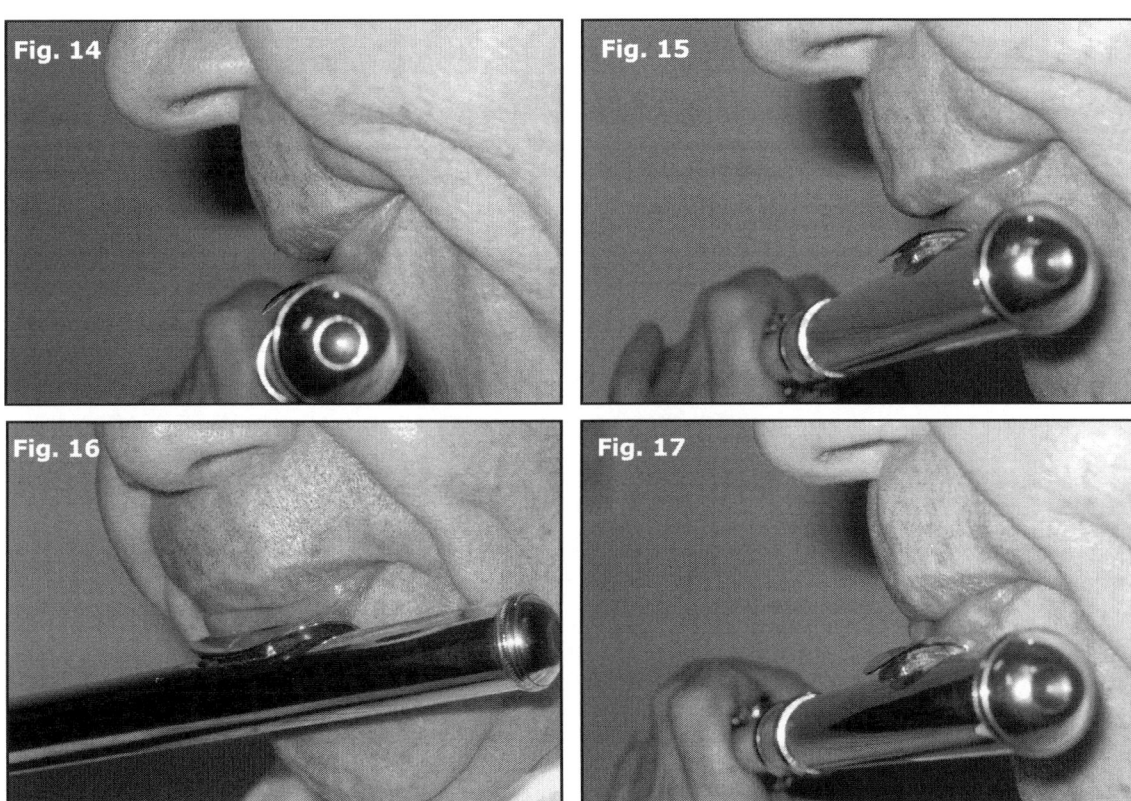

Uma maneira prática de entender melhor esse mecanismo é comparar a posição do lábio superior com a de um basculante de uma janela, conforme as figuras 18 e 19. A figura 18 corresponderia à emissão das notas graves e a figura 19 corresponderia à emissão das notas da região média.

Fig. 18

Fig. 19

A nota Si, escrita na terceira linha, é uma das mais fáceis de emissão. É com ela que iniciaremos os primeiros exercícios. Esta primeira nota deverá servir como modelo para as demais, por isso trate de produzi-la com o som mais bonito possível. Observe a maneira como a conseguiu e reproduza-a nas notas seguintes.

Se, nas primeiras tentativas, você tiver dificuldade de obter as notas nessa região e sentir mais facilidade na oitava acima, não se preocupe. Pratique os exercícios nesta região e, à medida que for descendo para as notas mais graves, sua embocadura irá se adaptando e, em pouco tempo, dominará as duas oitavas.

COMO AFINAR A FLAUTA

De um modo geral, a maioria das flautas sai de fábrica com o diapasão Lá = 440 ou 442.

É muito comum, quando se vai tocar com outro instrumentista, ouvir: "Você está alto" ou "Você está baixo".

Se sua flauta estiver com o bocal totalmente inserido no corpo, você só poderá abaixar o diapasão, puxando-o para fora. Para a operação inversa, isto é, subir o diapasão, empurre o bocal para dentro.

Para corrigir, momentaneamente, algumas notas como, por exemplo, o Dó sustenido médio e agudo (quase sempre altos na grande maioria das flautas), vire o bocal ligeiramente para dentro. Com as notas baixas, proceda ao contrário, virando o bocal ligeiramente para fora ou soprando com mais intensidade, usando o diafragma para impulsionar a coluna de ar para fora.

COMO ESTUDAR

Normalmente, quando compramos um instrumento musical, queremos logo emitir um som e tocar algumas melodias. É claro que, com raríssimas exceções, não se obtém êxito.

Recomendamos ler atentamente as instruções iniciais e praticar diariamente no mínimo trinta minutos. Desta maneira, se conseguem melhores resultados do que praticar várias horas seguidas num só dia.

Segunda parte
ESQUEMA DO DEDILHADO DA FLAUTA

Para facilitar a compreensão do dedilhado da flauta, optamos por um esquema com desenhos e números.

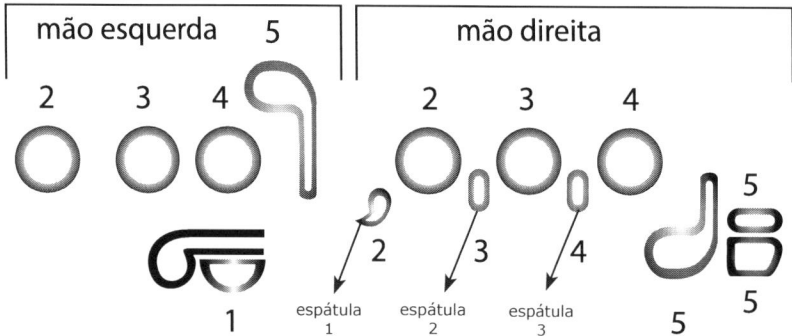

O polegar da mão esquerda (dedo 1) pode acionar tanto a chave do Si natural como a chave do Si bemol.

Na mão direita, a espátula 1 e a chave de Fá natural são acionadas pelo dedo 2 (indicador); a espátula 2 e a chave de Mi, pelo dedo 3 (médio); a espátula 3 e a chave de Ré, pelo dedo 4 (anular); as chaves de Ré sustenido ou Mi bemol, Dó natural e Dó sustenido, pelo dedo 5 (mindinho).

Quando as chaves estiverem assinaladas na cor preta nos diagramas, significa que estas deverão ser acionadas, pelos dedos indicados, para serem fechadas.

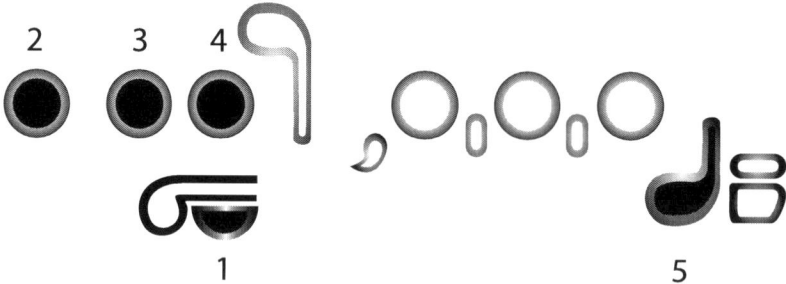

As únicas chaves que estão sempre fechadas são as do Sol sustenido ou Lá bemol, o Ré sustenido ou Mi bemol e as espátulas 2 e 3. Entretanto, quando estas chaves estiverem, também, assinaladas em preto, deverão ser acionadas para serem abertas.

A espátula 1 é a menos utilizada, servindo como alternativa para o Si bemol, para os trinados de Si bemol / Si natural, ambos na primeira e segunda oitavas, e para o trinado de Fá natural / Fá sustenido (harmônicos), da terceira oitava.

As espátulas 2 e 3, além de contribuírem para a emissão do Si bemol e do Si natural da terceira oitava, servem para diversos trinados.

DEDILHADO DA FLAUTA COM O PÉ EM DÓ

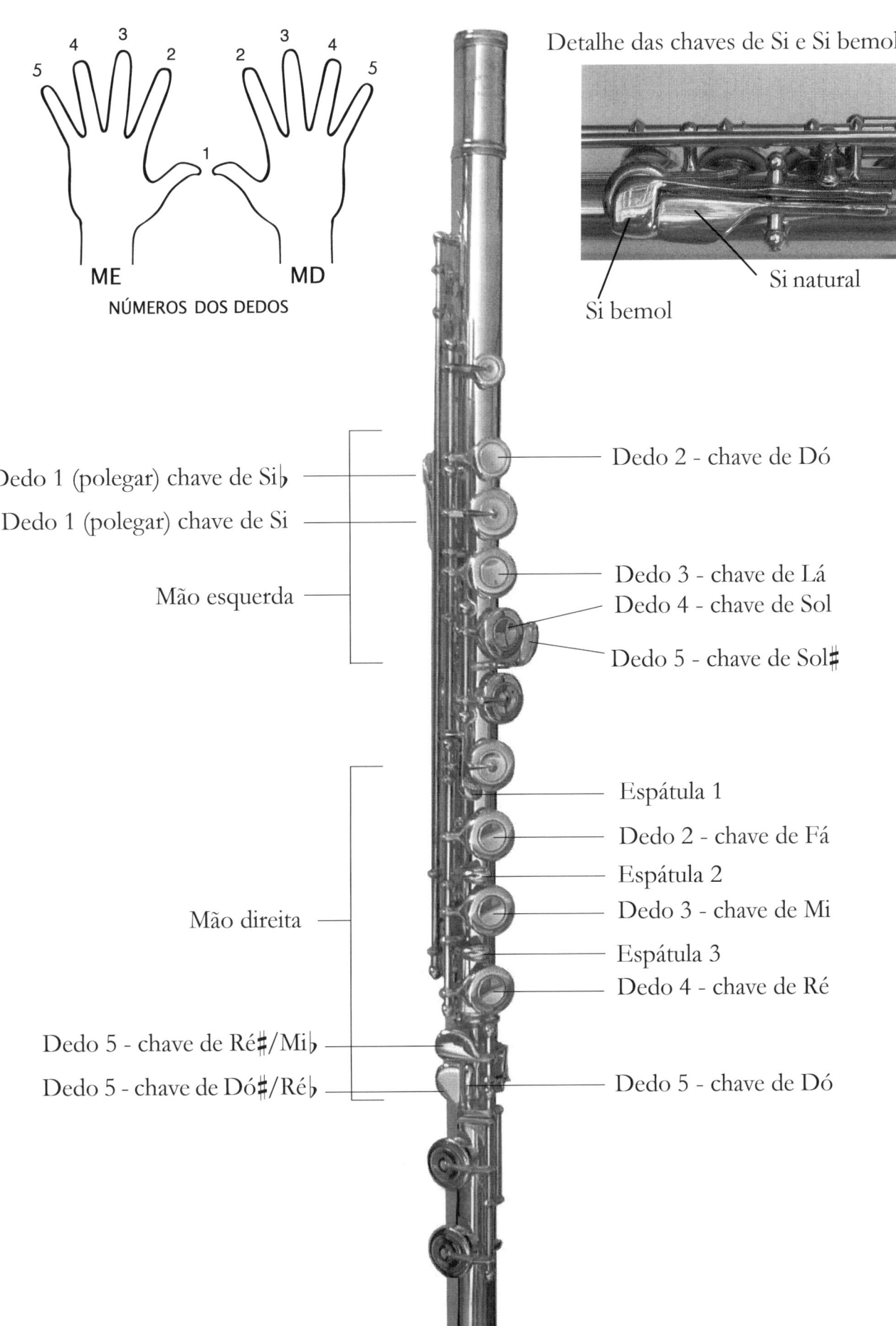

Terceira parte
EXERCÍCIOS COM OS ÁUDIOS

Faixa 1 - Apresentação e diapasão

Faixa 2 - Si médio

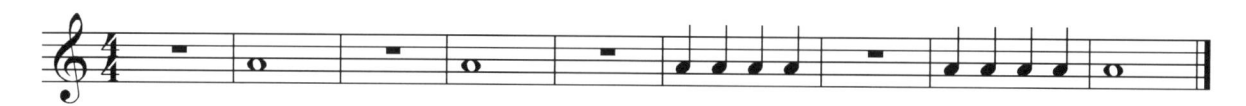

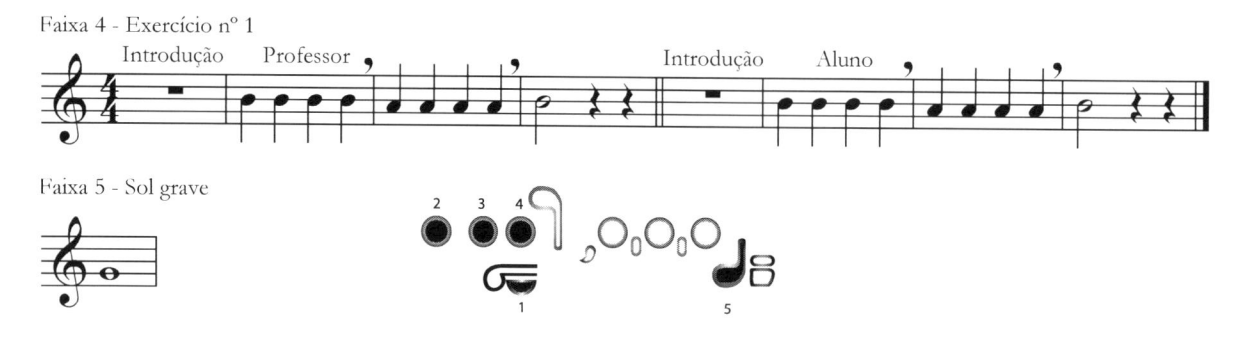

Faixa 3 - Lá grave

Faixa 4 - Exercício nº 1

Faixa 5 - Sol grave

Faixa 6 - Exercício nº 2

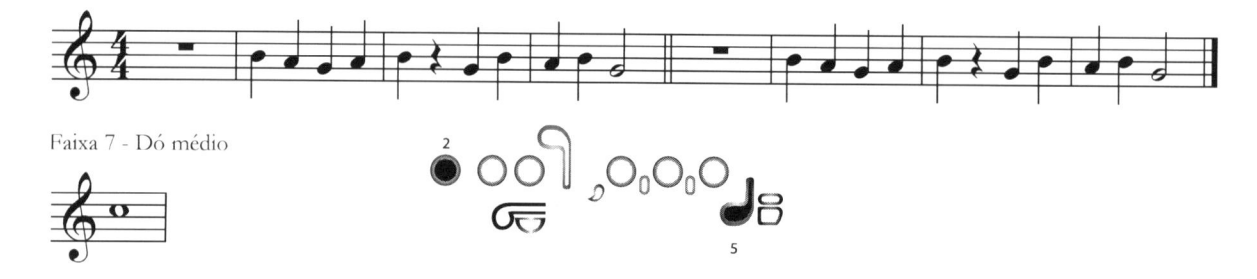

Faixa 7 - Dó médio

Faixa 8 - Exercício nº 3

Faixa 9 - Ré médio

 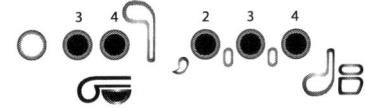

Faixa 10 - Exercício nº 4

Faixa 11 - Mi médio

 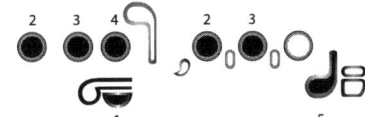

Faixa 12 - Exercício nº 5

Faixa 13

Fais dodo, Colin

Folclore francês

Faixa 14

Pequeno Tema

Mozart

ritardando

Faixa 15

Maria Santana

Melodia tradicional hispânica

♩ = 76

Faixa 16 - Fá médio

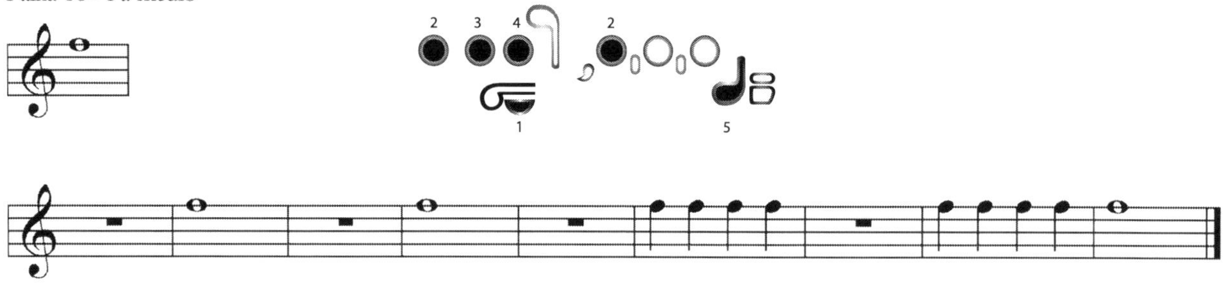

Faixa 17 - Sol médio

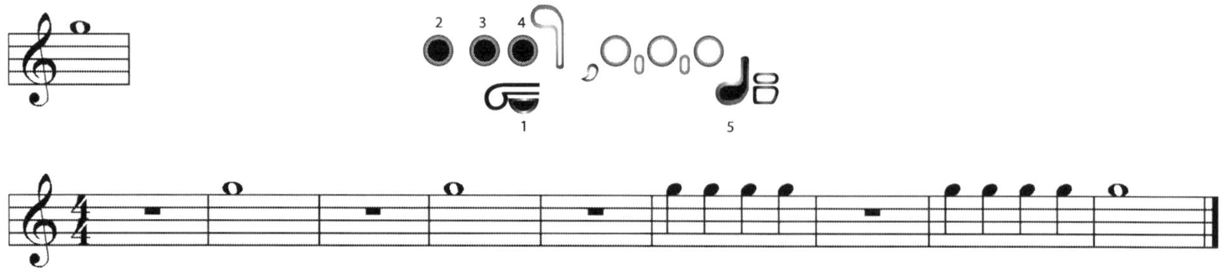

Faixa 18

When the Saints Go Marching In

Hino Gospel americano

♩ = 118

Faixa 19

Lightly Row

Canção tradicional alemã

♩ = 120

Faixa 20

L' Abeille

Folclore francês

Faixa 21

J'ai du bon tabac

Folclore francês

Faixa 22

Muié Rendera

Tema atribuído à Lampião

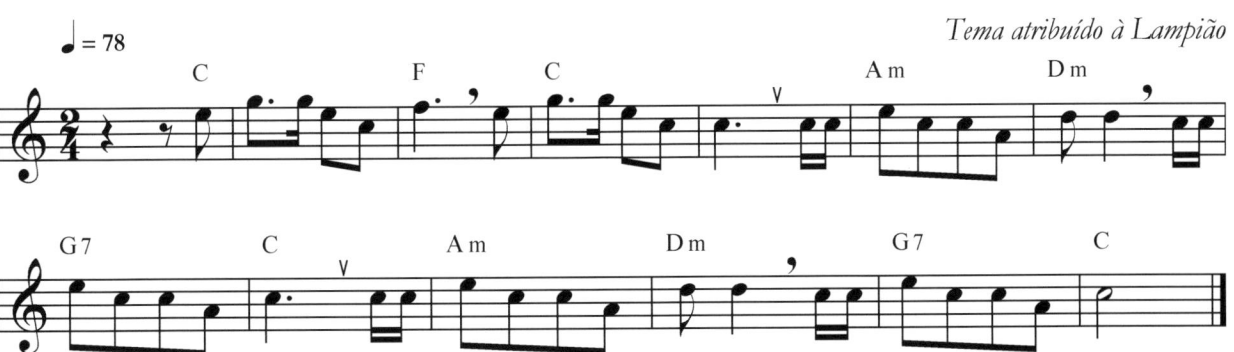

Faixa 23 - Lá médio

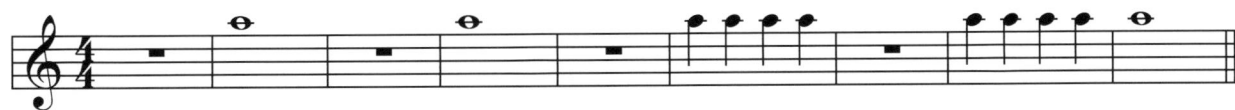

Faixa 29

Old Folks at Home

S. C. Foster

Faixa 30

Peixe Vivo

Folclore brasileiro

Faixa 31 - Fá grave

 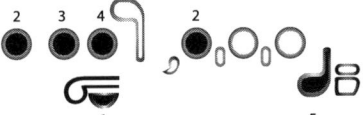

Faixa 32 - Si ♭ médio

 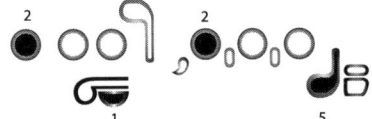

Faixa 33

Cantiga de Ninar

♩ = 80

Brahms

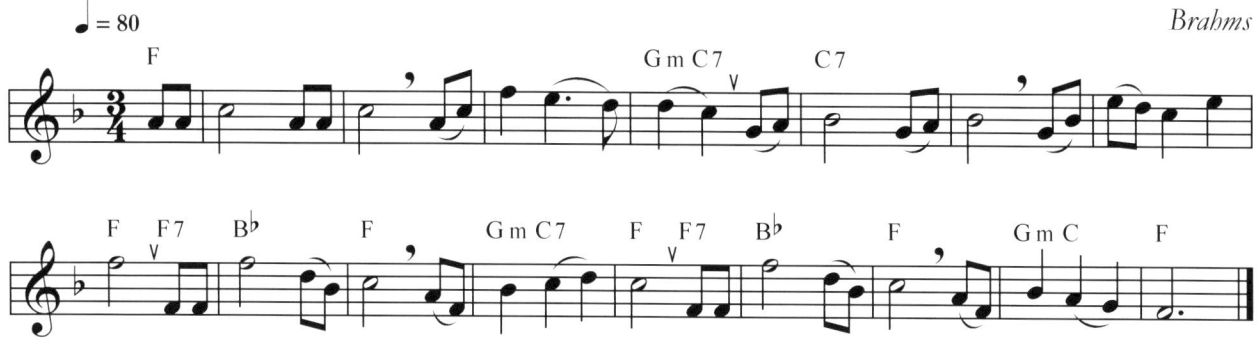

Faixa 34

Hino à Alegria

♩ = 116

Beethoven

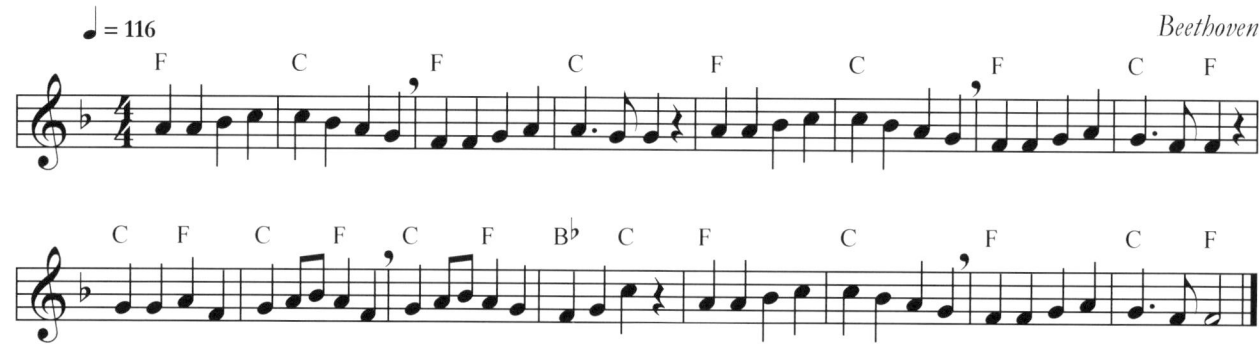

Faixa 35 - Si ♭ agudo

Faixa 36

As Estações - Outono

♩ = 90

Vivaldi

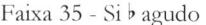

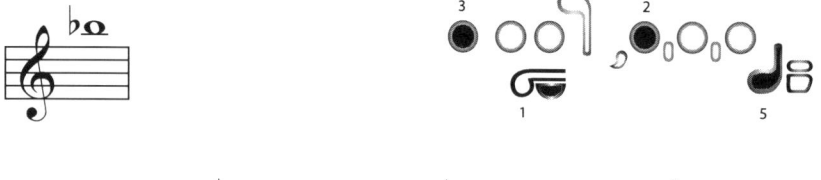

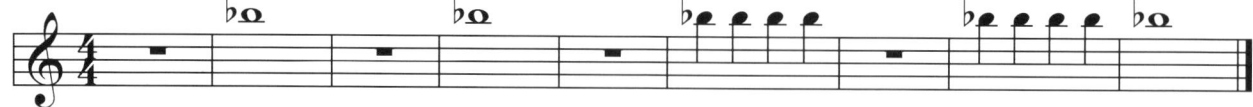

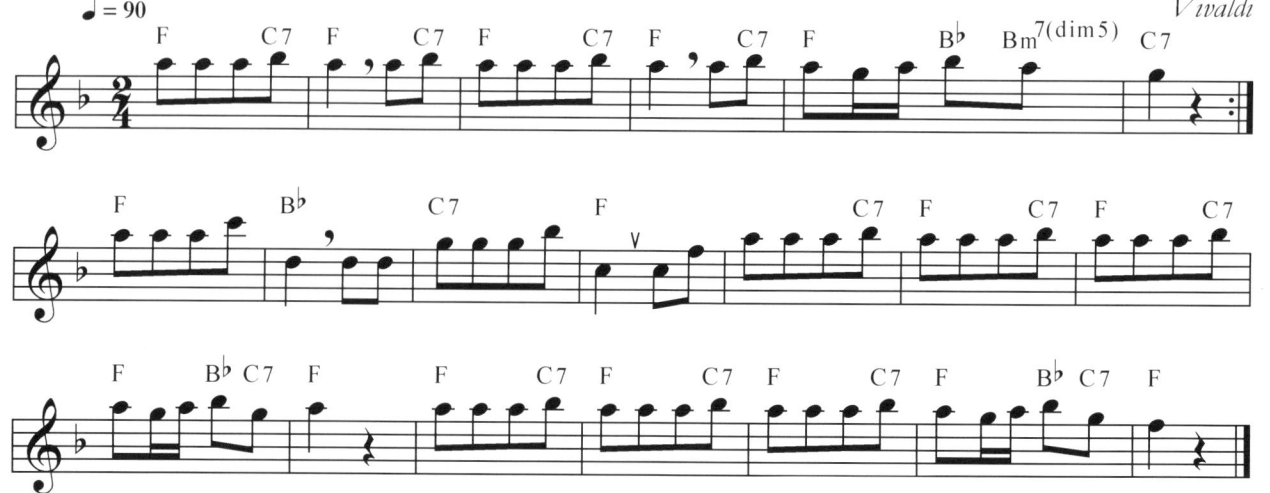

Faixa 37 - Mi♭ médio

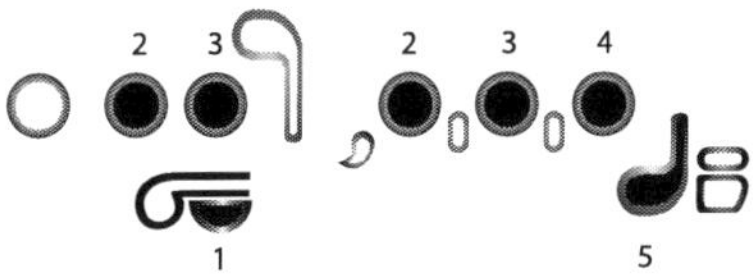

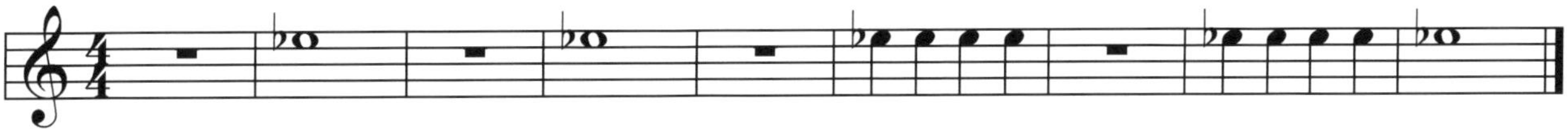

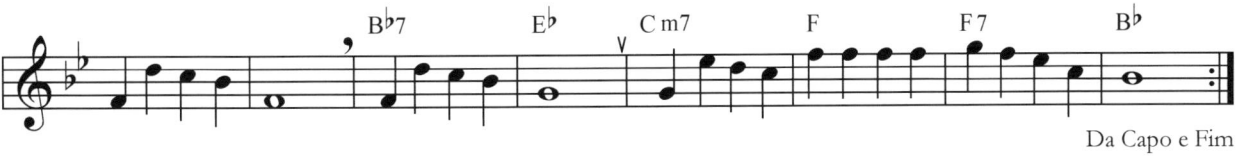

Faixa 38

Frère Jacques

Folclore francês

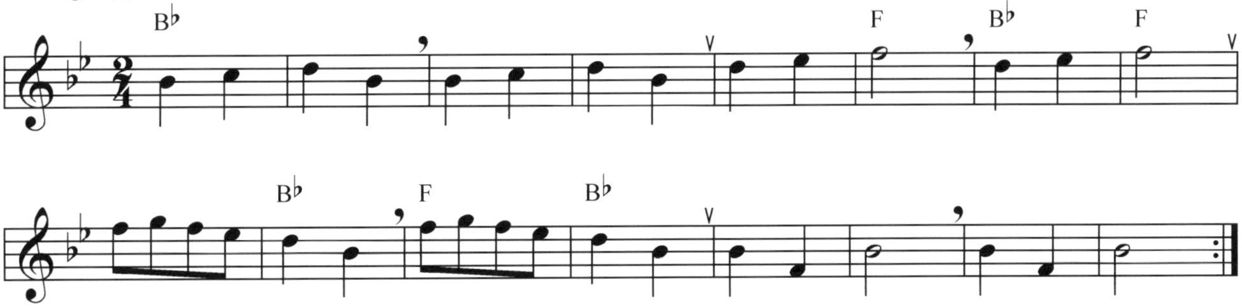

Faixa 39

Jingle Bells

J. S. Pierpont

Fim

Da Capo e Fim

Faixa 40 - Dó♯ médio

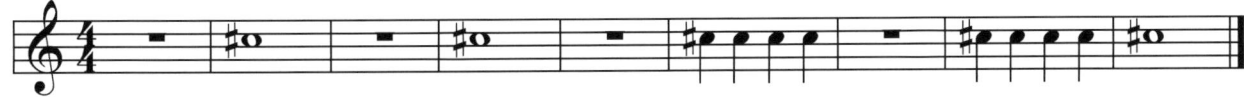

Faixa 41

Ária

♩ = 112

Händel

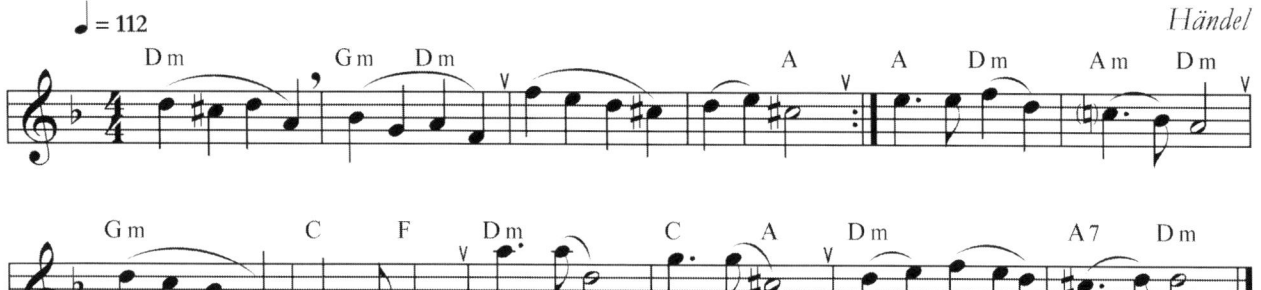

Faixa 42 - Fá ♯ médio

Faixa 43 - Fá ♯ grave

Faixa 44

Noite Feliz

♩ = 84

F. Gruber

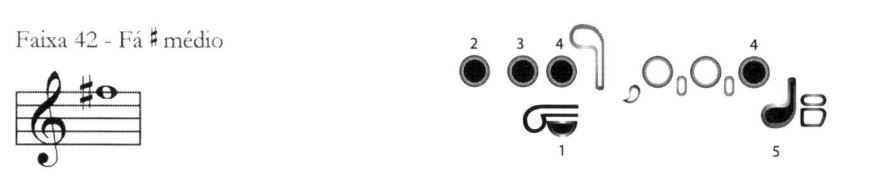

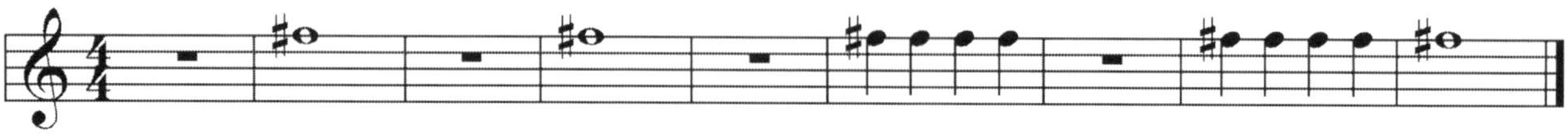

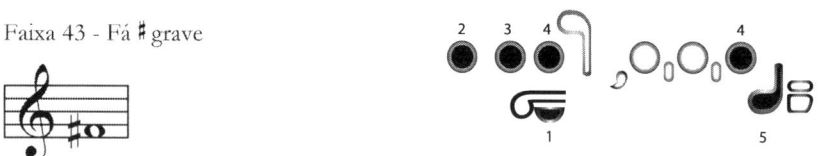

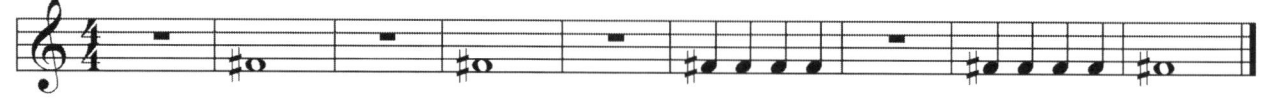

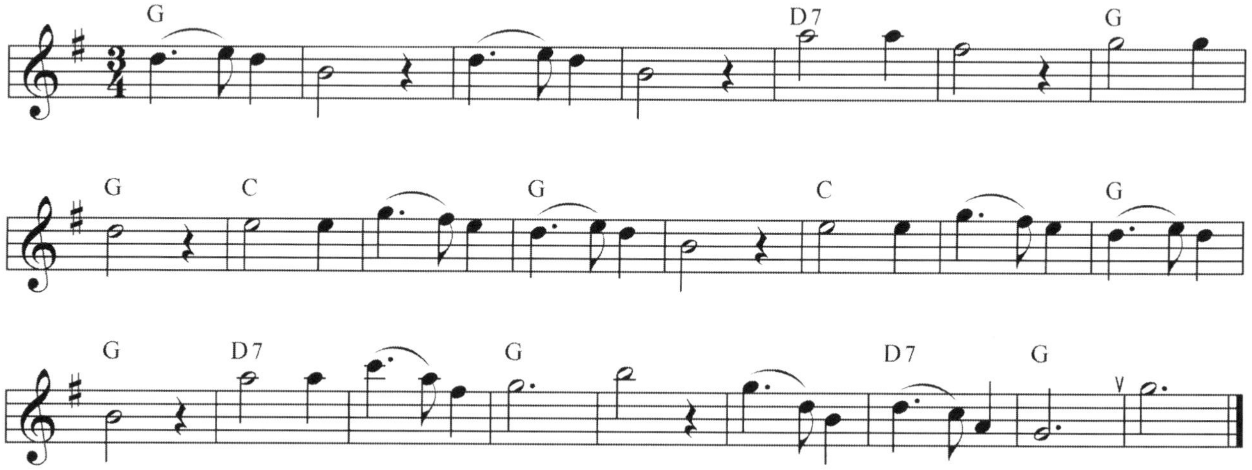

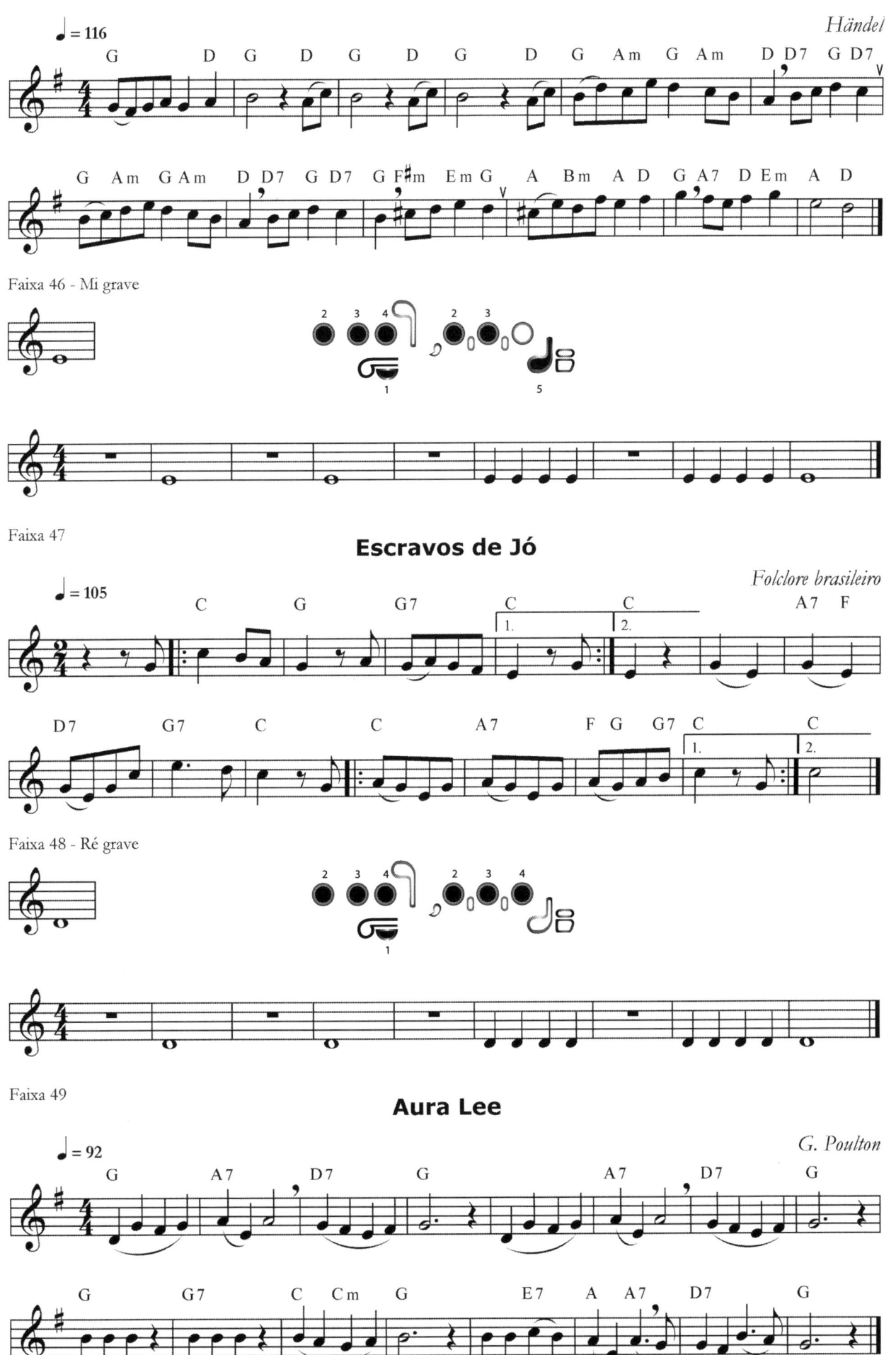

Faixa 50

Amazing Grace

♩ = 100

Melodia tradicional americana

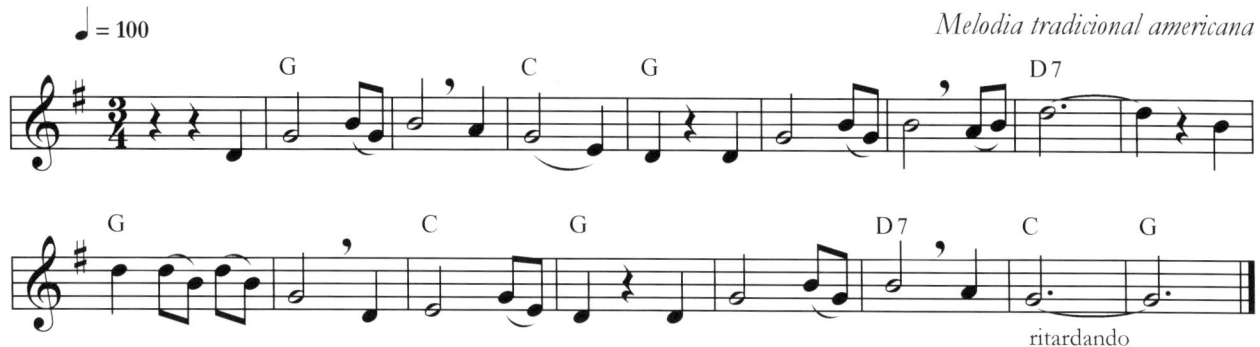

Faixa 51

O Tannembaum

♩ = 90

Canção tradicional alemã

Faixa 52 - Sol ♯ grave

Faixa 53

Minueto

♩ = 116

H. Purcell

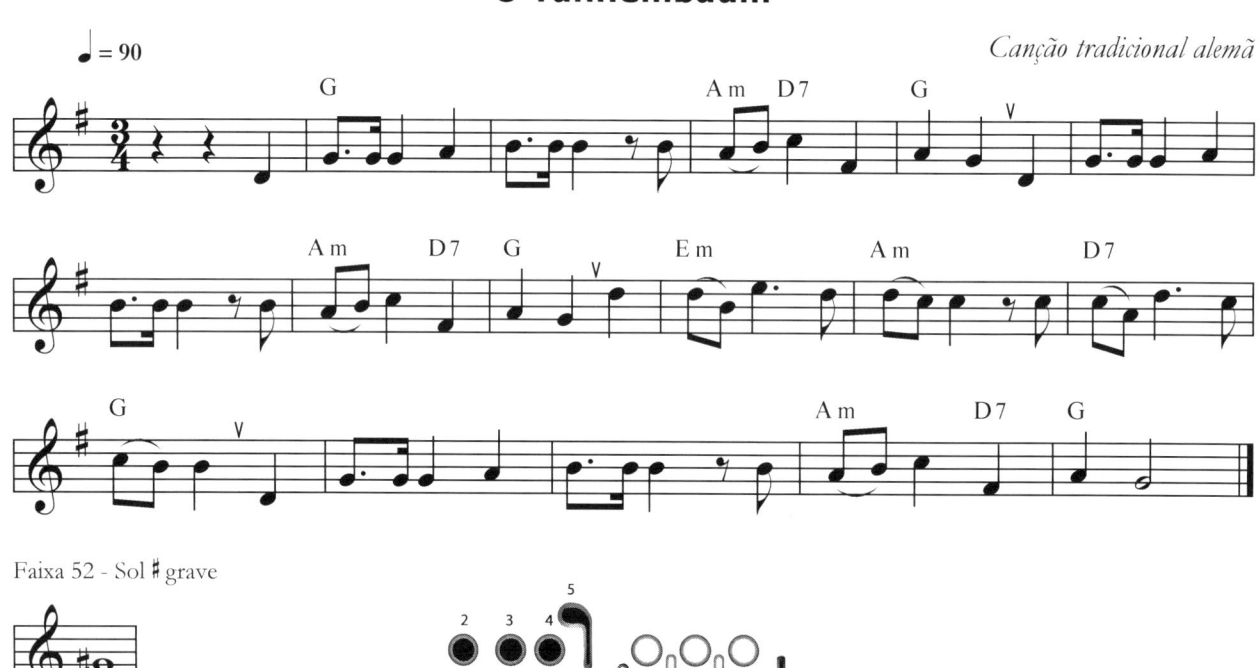

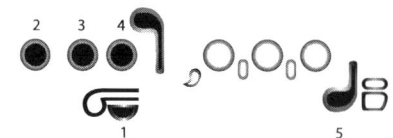

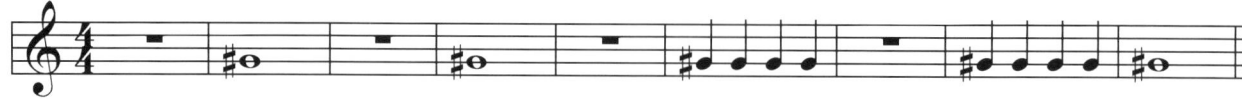

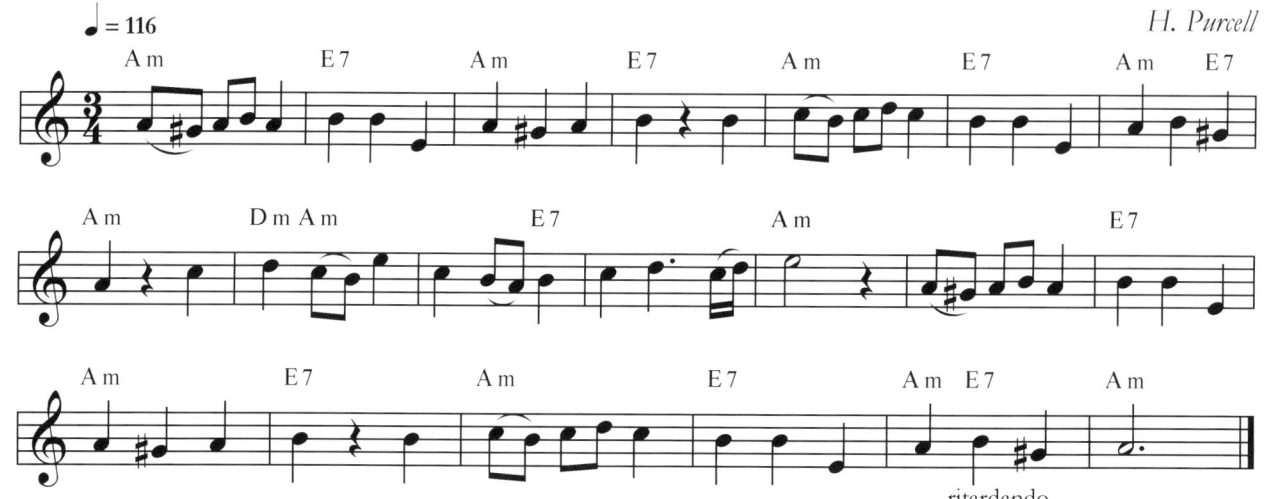

Faixa 54

Olhos Negros

Canção tradicional russa

Faixa 55 - Sol ♯ médio

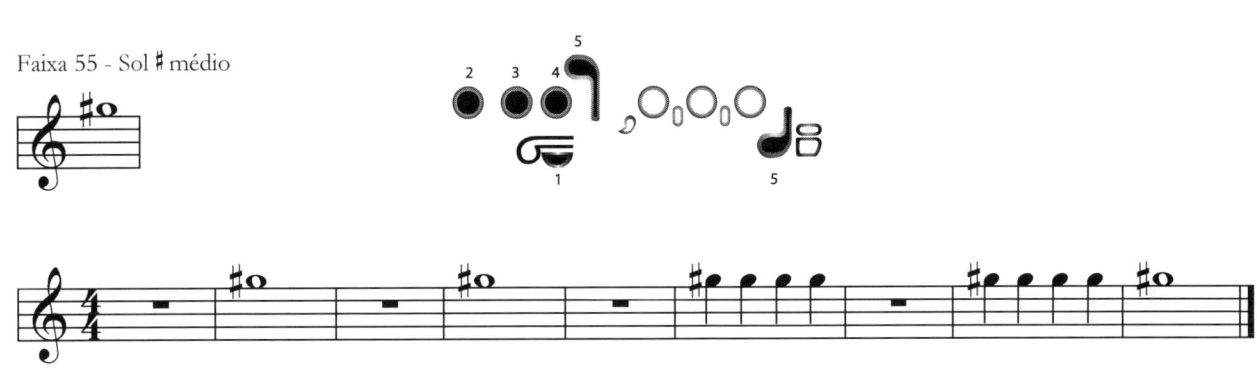

Faixa 56

Nesta Rua - Atirei o Pau no Gato

Folclore brasileiro

Faixa 57

Oh! Suzana

S. C. Foster

Faixa 58

Sakura, Sakura

Canção tradicional japonesa

Faixa 59

Hatikvah

Hino Nacional de Israel

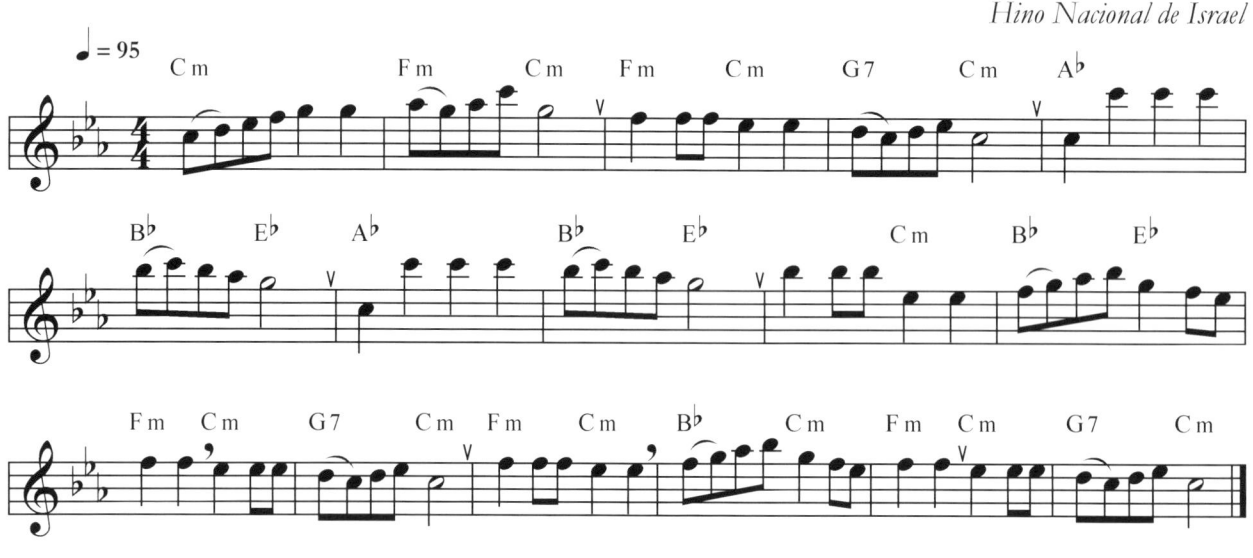

Faixa 60 - Mi ♭ grave

Faixa 61

Minueto

J. S. Bach

Faixa 62 - Dó grave

Faixa 63 - Dó ♯ grave

Faixa 64

Tema Singelo

Tchaikovsky

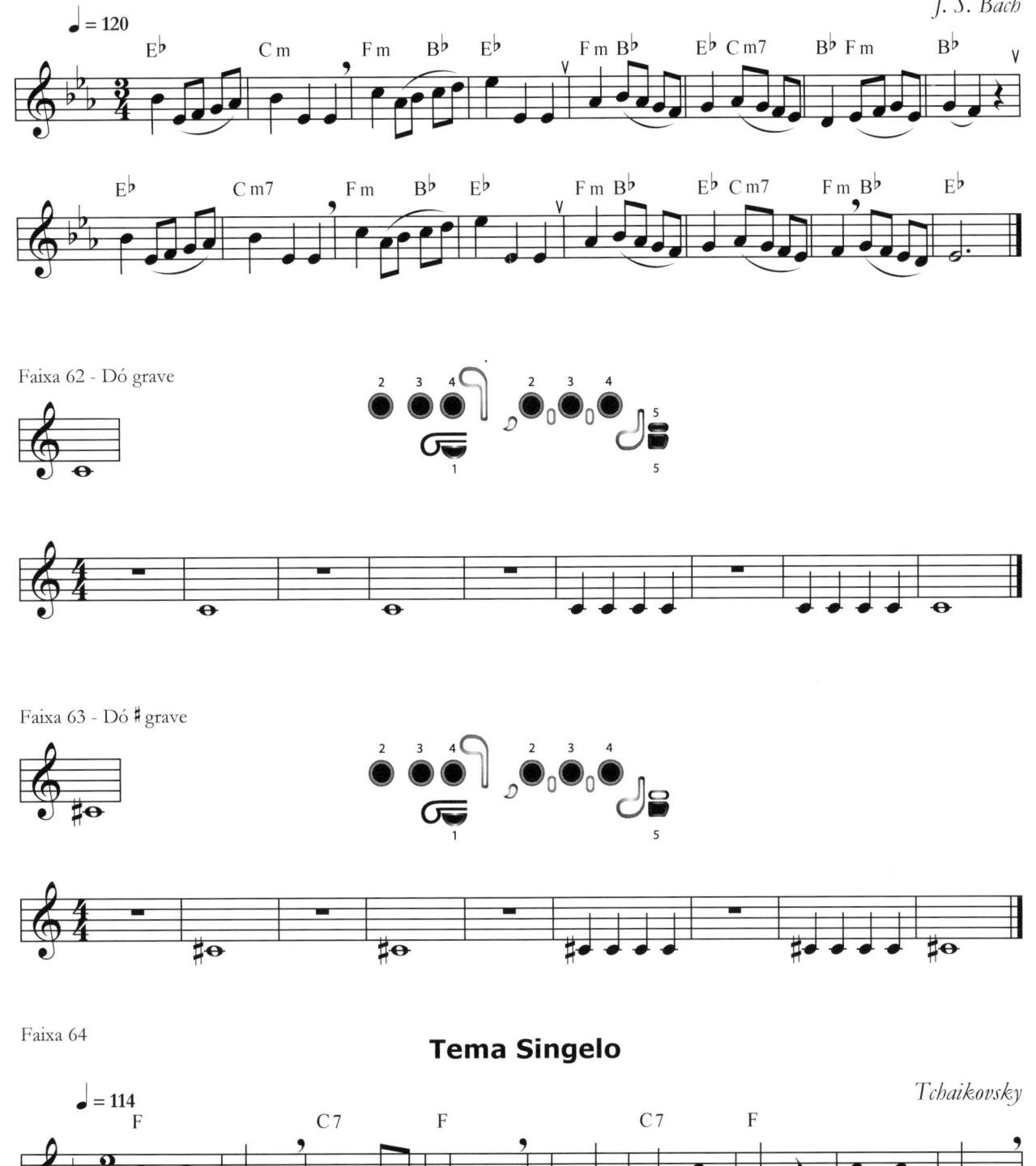

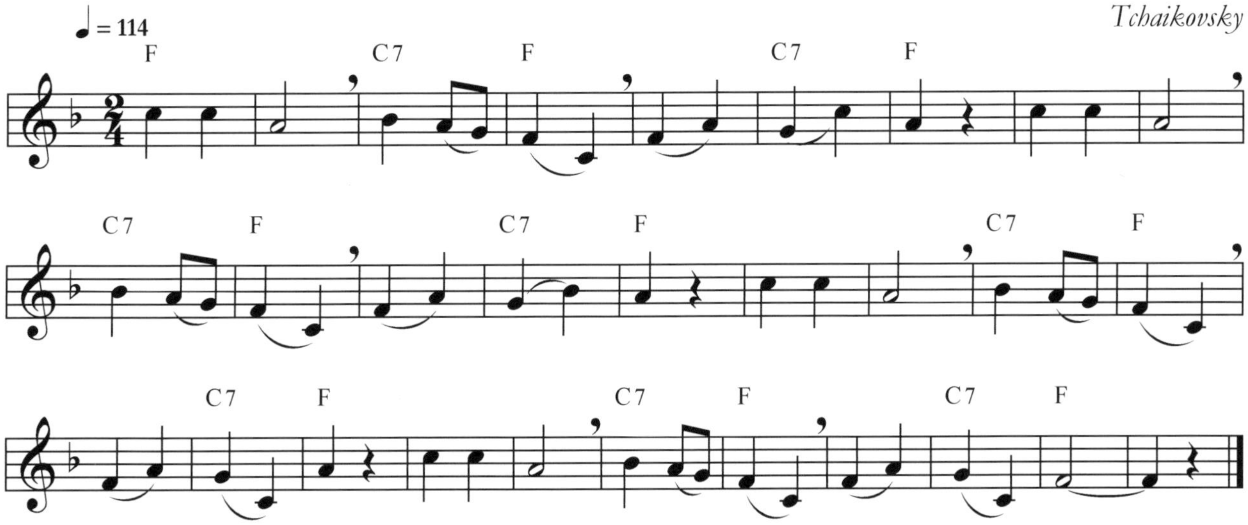

Nesta melodia, para facilitar a emissão do Dó grave, pode-se manter o 5º dedo da mão direita todo o tempo sobre a chave do Dó grave, em vez de mantê-lo sobre a chave do Ré♯/Mi♭, como de costume.

Faixa 65

Furusato

Teiichi Okamo

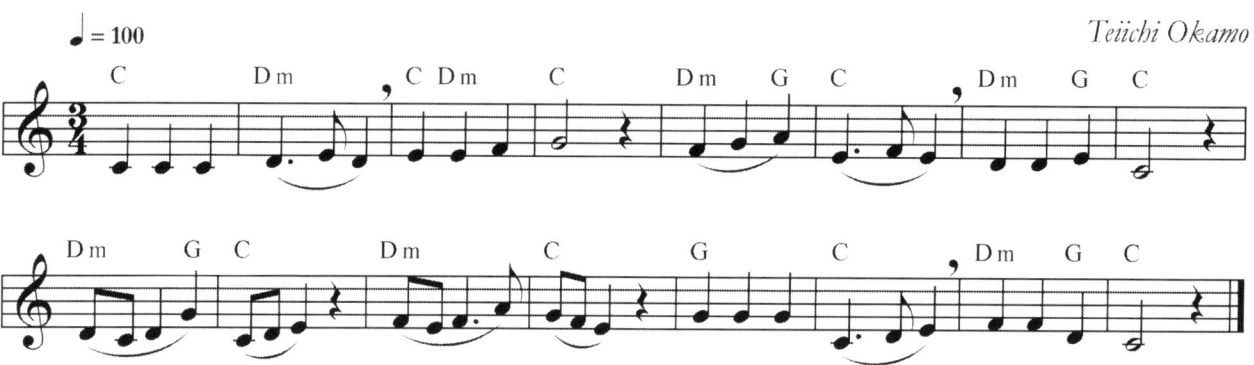

Faixa 66

I've Been Working on the Railroad

Canção tradicional americana

Para facilitar a emissão do Dó grave sempre que este vier precedido do Fá natural ou do Fá sustenido, pode-se deixar o dedo da mão direita repousando sobre a chave do Dó grave.

Faixa 67

Samba-lê-lê

Folclore brasileiro

Quarta parte
ESCALAS MAIORES E MENORES MAIS UTILIZADAS

Para facilitar o estudo das escalas, estabelecemos um modelo válido para todas elas. Primeiro, uma melodia no mesmo tom da escala a ser praticada. A seguir, a escala diatônica, depois com intervalos de terças e finalmente a cromática.

Primeiramente, recomendamos tocar as melodias e as escalas em uma velocidade cômoda, aumentando-a gradativamente até poder chegar, futuramente, às indicações metronômicas sugeridas. Neste momento, algumas das respirações assinaladas poderão ser suprimidas de acordo com os progressos realizados.

Para facilitar a leitura, optamos por apresentar as escalas sem nenhuma articulação. Inicialmente, tocar todas as notas separadas e, assim que se sentir seguro, acrescentar as ligaduras indicadas. Existem outras variações, mas estas são as mais usadas.

Capricho Italiano

Tchaikovsky

Minueto em Sol

♩ = 110

Beethoven

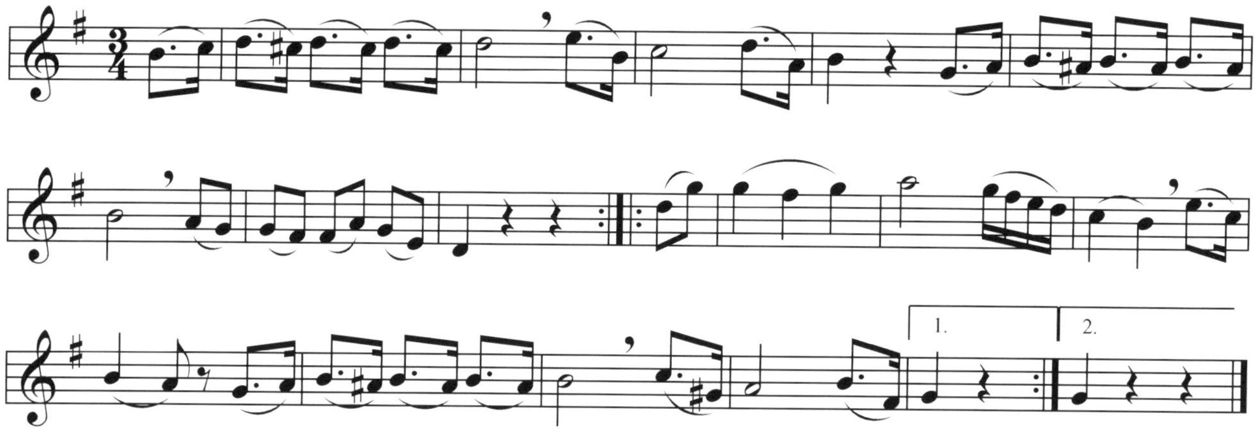

♩ = 66 Sol Maior

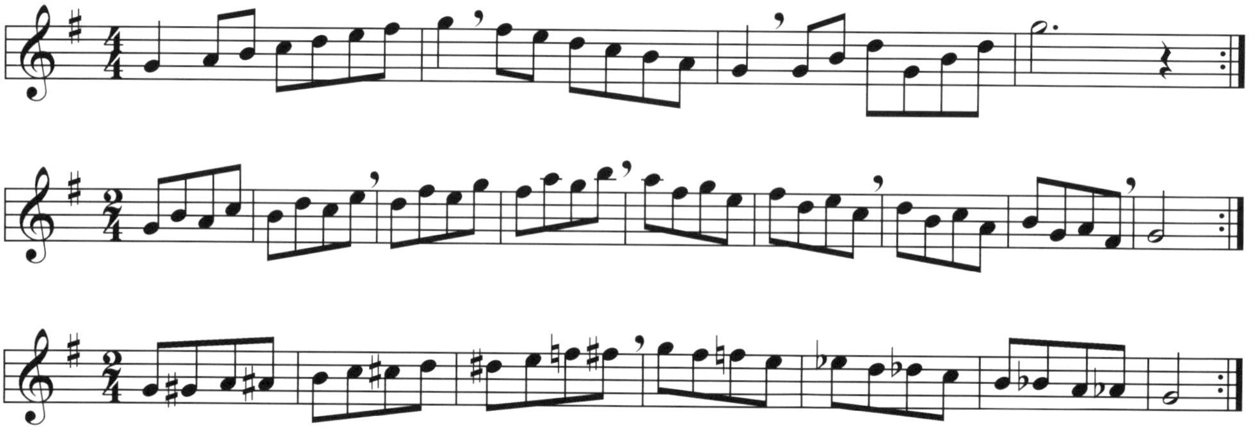

Hino à Alegria

Beethoven

♩ = 141

♩ = 66 Ré Maior

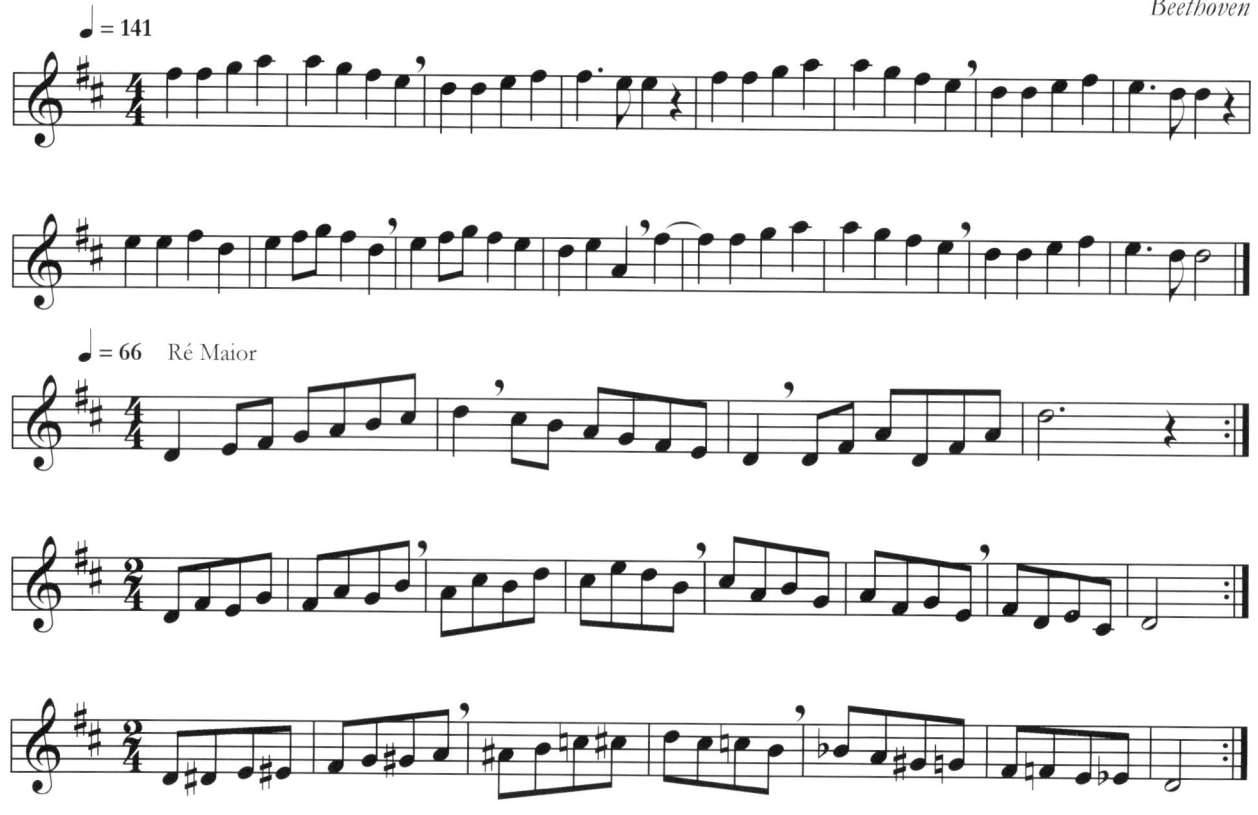

Gavota

Händel

Carnaval de Veneza

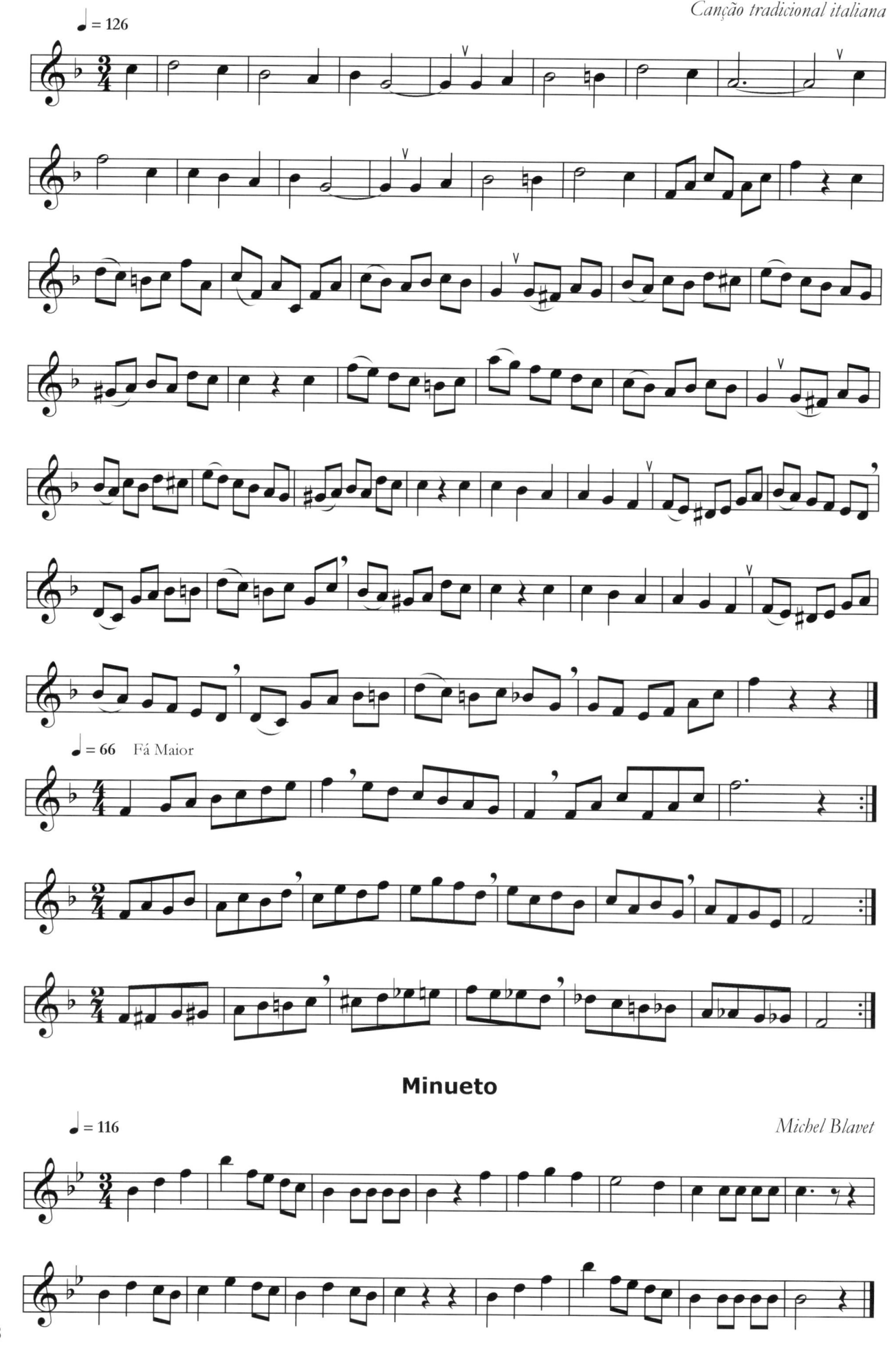

Canção tradicional italiana

Eine Kleine Nachtmusik

Mozart

Londonderry Air (Danny boy)

Melodia tradicional irlandesa

Ária do Oratório de Natal

J. S. Bach

♩ = 100

♩ = 60 Escala Lá menor melódica

Escala Lá menor harmônica

Bourée

J. S. Bach

♩ = 116

♩ = 66 Escala Mi menor melódica

Escala Mi menor harmônica

Minueto da Suíte em Si menor

J. S. Bach

♩ = 120

rit.

♩ = 60 Escala Si menor melódica

Escala Si menor harmônica

Minueto

J. S. Bach

Greensleeves

Anônimo

♩ = 120

♩ = 66 Escala Sol menor melódica

Escala Sol menor harmônica

Quinta parte
DUETOS

Dueto nº1

Devienne

Dueto

Corrette

Dueto nº2

Devienne

Dueto nº3

Devienne

Dueto nº4

Devienne

Dueto

Telemann

Sexta parte
PRINCÍPIOS BÁSICOS DE TEORIA MUSICAL

Pentagrama e claves

O pentagrama é formado por cinco linhas e quatro espaços, contados de baixo para cima, onde são colocadas as pausas e as notas das regiões grave e média. Para se inserir as notas mais graves e mais agudas, utilizam-se linhas suplementares na forma de um traço.

Claves são sinais colocados no início da pauta e servem para nomear as notas. A clave de Sol escrita na segunda linha é a utilizada para a notação musical da flauta.

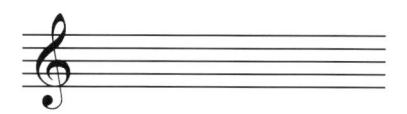

Nomes das notas na clave de Sol

Dó Ré Mi Fá Sol Lá Si Dó Ré Mi Fá Sol Lá Si Dó Ré Mi Fá Sol Lá Si Dó

Esta é a extensão normal da flauta em Dó (do Dó 3 ao Dó 6), podendo-se atingir até o Sol super agudo (Sol 7). Porém, com muita dificuldade. Nessa região, o mais comumente empregado é o Ré 7. Você encontrará o dedilhado completo no Método Ilustrado de Flauta deste mesmo autor.

Notas e pausas

Cada nota musical tem sua pausa correspondente.

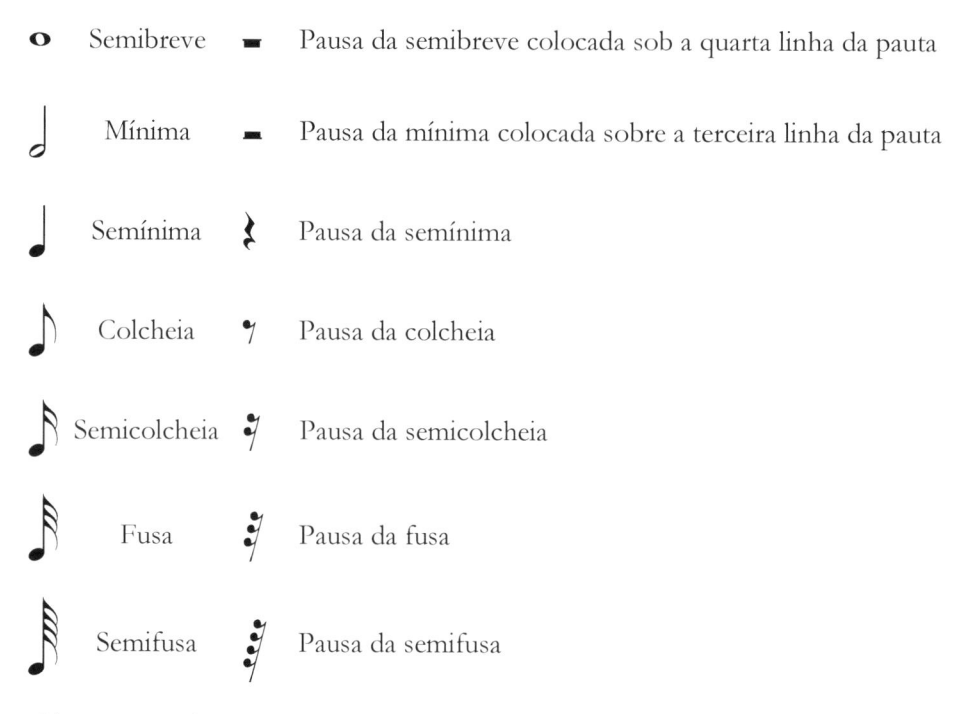

- Semibreve — Pausa da semibreve colocada sob a quarta linha da pauta
- Mínima — Pausa da mínima colocada sobre a terceira linha da pauta
- Semínima — Pausa da semínima
- Colcheia — Pausa da colcheia
- Semicolcheia — Pausa da semicolcheia
- Fusa — Pausa da fusa
- Semifusa — Pausa da semifusa

Observação: As pausas são sempre colocadas dentro da pauta.

Ponto de aumento

É um ponto colocado ao lado direito de uma nota ou de uma pausa. Aumenta a metade do valor de sua duração. Assim, uma mínima pontuada valeria três tempos, ou seja, igual a três semínimas; a semínima pontuada valeria um tempo e meio, ou seja, três colcheias. O mesmo princípio é válido para as pausas. Uma pausa pontuada de mínima corresponderia a um silêncio de uma mínima pontuada, ou seja, três tempos.

Barra dupla

A barra dupla é colocada no último compasso para indicar o término da música.

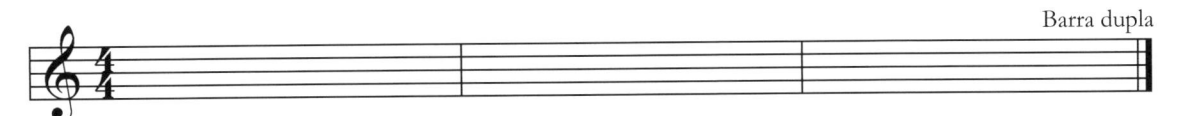

Sinais de repetição

O sinal de repetição é empregado para se tocar novamente o mesmo trecho musical desde o princípio da música.

Para se repetir apenas um determinado trecho, coloca-se o sinal semelhante no compasso a partir de onde será feita a repetição.

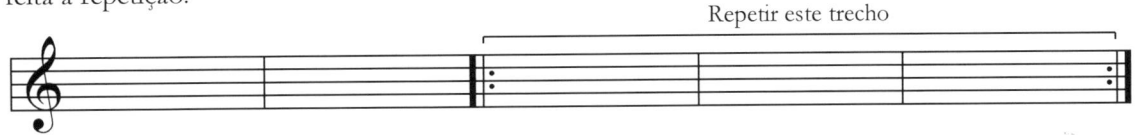

Casa de 1ª e de 2ª

Sinal utilizado para se repetir um determinado trecho cujo final é diferente na repetição.

Fermata

É o sinal colocado sobre uma nota ou pausa para sustentar um som ou silêncio por um tempo maior do que o normal. O tempo de duração dependerá do intérprete.

Respiração

Uma vírgula (❜) ou um sinal (V) colocado após uma nota indica o lugar onde devemos respirar.

Staccato

É um ponto colocado acima ou abaixo da cabeça da nota, indicando que a mesma deve ser executada destacada. Nesse caso, o ponto diminui a duração da nota. Por exemplo, uma colcheia resultará numa semicolcheia e uma pausa de semicolcheia.

Tenuto

É indicado por um pequeno traço, igualmente colocado sobre a cabeça da nota, indicando que a mesma deve ser tocada com o seu valor total.

Apojatura

É um ornamento melódico formado por colcheias ou semicolcheias que precedem à nota real. Quando possui uma só nota, é chamada de apojatura simples. A apojatura de duas notas é denominada dupla ou sucessiva. A mais usada é a apojatura breve, quase sempre representada por uma colcheia cortada e executada antes do tempo real.

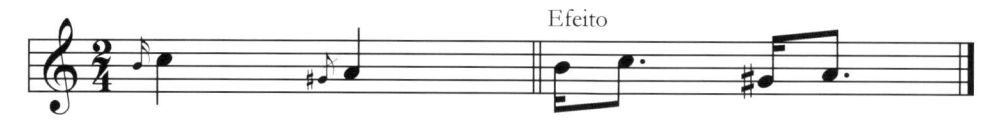

Os acidentes

♯	Sustenido	Eleva a nota meio tom.
𝄪	Dobrado sustenido	Eleva a nota um tom.
♭	Bemol	Abaixa a nota meio tom.
♭♭	Dobrado bemol	Abaixa a nota um tom.
♮	Bequadro	Anula o efeito da alteração.

Observação: O efeito desses sinais permance em todo o compasso.

Armadura de clave

Indica quais notas deverão ser alteradas durante todo trecho musical. Neste exemplo, as notas seriam o Fá sustenido e o Dó sustenido.

Ligadura de expressão

É aplicada sobre um pequeno número de notas ou até vários compassos. Em ambos os casos, pronuncia-se apenas, a primeira nota da ligadura não se interrompendo o som até a última nota.

Expressões musicais

A língua italiana foi usada como padrão para nomear as expressões musicais.
O termo D.C. *(Da Capo)* significa "da cabeça". Em português, poderíamos traduzir pelo termo "do princípio". Geralmente, vem associado à expressão *Al Fine* (Ao Fim), significando que devemos voltar ao princípio da música e tocar até onde aparecer a expressão *Fine* (Fim).

Outra expressão muito utilizada é *Dal Segno* (Do Sinal). Pode aparecer também como *Al* 𝄋 ou Ao 𝄋. Significa que, ao encontrá-las, devemos tocar o trecho onde aparecem até o final.

Existe ainda uma variante. Podem aparecer associadas às expressões *Coda* e ao sinal ⊕ (diz-se sinal ó). Ao encontrar a expressão *Al* 𝄋 e *Coda*, devemos voltar ao sinal 𝄋 do trecho já tocado e saltar para o compasso onde aparece a expressão Coda (⊕).

Dinâmica (sinais mais usados)

Sinal	Nome	Significado
f	*Forte*	Tocar com força.
ff	*Fortíssimo*	Tocar com mais força.
mf	*Mezzo forte*	Tocar com força moderada.
p	*Piano*	Tocar com suavidade.
pp	*Pianíssimo*	Tocar com muita suavidade.
<	*Crescendo**	Aumenta a intensidade do som gradativamente.
>	*Decrescendo**	Diminui a intensidade do som gradativamente.

* Observação: Em ambos os casos, usa-se um dos sinais de dinâmica para indicar a intensidade a ser atingida. < *f* > *p*

Andamentos

Allegro	Tempo rápido
Moderato	Tempo moderado
Andante	Andando normalmente
Largo ou Lento	Devagar
Presto	Mais rápido que Allegro
Prestíssimo	Rapidíssimo

Essas expressões indicam, aproximadamente, a velocidade que uma música deve ser executada, mas, para serem mais precisos, os compositores se valem do metrônomo, aparelho mecânico ou eletrônico que possui marcações de velocidade. Assim, o movimento *Allegro*, por exemplo, pode variar de 120 a 138 batidas por minuto. Caberá, então, ao compositor indicar no início da peça o tempo exato que deseja. Por exemplo, ♩=132.

Isso não quer dizer que a música deva ser tocada integralmente na velocidade sugerida. Para isso, o compositor sugere aumentar ou diminuir os andamentos pré-determinados com as seguintes expressões: **affretando, accelerando, stringendo, più mosso** e **stretto** - para acelerar o andamento. E: **ritardando, rallentando, ritenuto, allargando, meno mosso** e **smorzando** - para retardar o andamento.

Observações: Aos interessados em se aprofundar nos conhecimentos teóricos, recomendamos o livro "Teoria Musical, Lições Essenciais", do autor Luciano Alves, publicado pela Editora Irmãos Vitale.

Sétima parte
BIOGRAFIA RESUMIDA DOS AUTORES DAS MELODIAS

Bach, Johann Sebastian. Compositor alemão. Nasceu em Eisenach em 1685 e faleceu em Leipzig em 1750, aos 65 anos de idade. Foi um grande organista, tendo escrito obras geniais para esse instrumento. Escreveu inúmeras músicas sacras como a "Paixão Segundo S. Matheus", a "Missa em Si menor", "Cantatas", música orquestral, os famosos concertos de Brandemburgo, diversas músicas de câmara e obras para cravo. Para flauta, escreveu a célebre "Suíte em Si menor" e as "Sonatas para Flauta e Cravo".

Beethoven, Ludwig Van. Compositor alemão. Nasceu em Bonn em 1770 e faleceu completamente surdo em Viena em 1827, aos 57 anos de idade. Escreveu suas primeiras composições aos 12 anos de idade. Foi grande virtuoso do piano, tendo se apresentado muito mais em residências particulares ou palácios do que em público. Suas obras mais conhecidas são as sinfonias e os concertos para piano. Escreveu também diversas músicas de câmara com ou sem piano, aberturas orquestrais e música coral. Para flauta e piano, escreveu apenas uma sonata.

Blavet, Michel. Flautista e compositor francês. Nasceu em Besançon em 1700 e faleceu em Paris em 1768. Filho de um torneiro começou a estudar flauta por acaso. Fez progressos tão rápidos, que, em pouco tempo, tornou-se o primeiro flautista da França. Ocupou uma posição de destaque na vida musical parisiense, muito admirado pela sua sonoridade e técnica. Tinha um talento excepcional. Escreveu doze sonatas para flauta e seis duos. É curioso notar que ele tocava flauta à esquerda, mas não conseguiu convencer seus colegas a imitá-lo.

Brahms, Johannes. Compositor alemão. Nasceu em Hamburgo em 1833 e faleceu em Viena em 1897. Escreveu inúmeras obras de câmara, contemplando principalmente a clarineta através de sua sonata e do quinteto. Mas, foi na música orquestral que ele mais se destacou. Em suas quatro sinfonias, Brahms confiou belíssimos solos à flauta. "Réquiem Alemão" é uma de suas grandes obras.

Corrette, Michel. Compositor francês. Nasceu em Rouen em 1709 e faleceu em 1795. Ocupou vários cargos como organista na França. Em 1710, publicou um método de flauta, e que, na realidade, tratava-se de uma re-edição do método de Hotteterre, ao qual acrescentou algumas árias, duetos e um novo dedilhado. Embora tenha sido um professor consciencioso, a Escola de Música por ele fundada não foi bem aceita pelos franceses. Compôs obras cênicas e sacras, cantatas e muitos concertos. A maior parte de sua música é fácil e muitas de suas obras utilizam melodias populares.

Devienne, François. Compositor francês. Nasceu em Joinville em 1759 e faleceu em Paris em 1803. Foi professor da primeira classe de flauta do Conservatório Nacional de Música. Igualmente hábil no fagote e na flauta, foi contratado como primeiro fagotista da orquestra da Ópera de Paris. Dedicou à flauta inúmeras obras e, principalmente, um método escrito em 1794 considerado durante muitos anos como uma obra fundamental. Vítima de sua intensa atividade, faleceu num asilo de loucos.

Foster, Stephen Collins. Compositor norte-americano de canções populares. Nasceu em Pittsburgh em 1826. Produziu mais de 200 canções; algumas delas conhecidas mundialmente, tais como: "Oh! Susanna", "My Old Kentucky Home" e "Old Folks at Home".

Gruber, Franz Xaver. Compositor austríaco. Nasceu em 1787 e faleceu em 1863. Compôs mais de noventa músicas, mas foi "Noite Feliz", a canção que o imortalizou.

Händel, Georg Friederich. Compositor inglês de origem alemã. Nasceu em Halle em 1685 e faleceu em Londres em 1759, aos 74 anos de idade. Foi contemporâneo de J.S. Bach. Escreveu diversas músicas sacra, orquestral, de câmara para as mais variadas combinações instrumentais e várias sonatas para flauta e cravo. Mas, destacou-se, realmente, como compositor de óperas. Duas de suas obras mais conhecidas são: "Música Aquática" e "Música para os Fogos de Artifício Reais".

Lehar, Franz. Compositor austríaco de origem húngara. Nasceu em Komarón em 1870. Destacou-se como regente e compositor, especialmente de operetas, alcançando grande sucesso internacional com "A Viúva Alegre", "O Conde de Luxemburgo" e "Amor Cigano".

Mozart, Wolfgang Amadeus. Compositor austríaco, filho de Leopoldo Mozart. Nasceu em Salzburg em 1756, falecendo precocemente em Viena em 1791, aos 35 anos de idade. Mostrou talento musical desde muito cedo. Suas primeiras composições foram escritas quando tinha apenas 5 anos de idade. Escreveu várias obras para flauta: "Concerto em Sol Maior", "Concerto em Ré Maior" (originalmente para oboé, em Dó Maior), "Concerto para Flauta e Harpa em Dó Maior", "Andante para Flauta e Orquestra em Dó Maior" e quatro quartetos para flauta, violino, viola e violoncelo e várias sonatas para flauta e piano. Escreveu, também, sinfonias, óperas, concertos para piano, missas e música de câmara.

Pierpont, James. Compositor norte-americano de canções populares. Nasceu em Massachussets em 1822 e faleceu em 1893. Sua música mais conhecida é "Jingle Bells", escrita especialmente para as celebrações do dia de Ação de Graças.

Poulton, George R. Compositor norte-americano. Nasceu em Boston em 1828 e faleceu em 1867. Sua canção mais famosa é "Aura Lee", que se tornou muito conhecida como "Love me Tender", na interpretação de Elvis Presley.

Purcel, Henry. Nasceu em Westminster em 1659 e faleceu precocemente nessa mesma cidade em 1695, aos 36 anos de idade. Foi um dos melhores compositores do período barroco e da história musical da Inglaterra. Escreveu música sacra, música vocal e instrumental. Uma de suas obras mais conhecidas é a opera "Dido e Enéas". Também é muito conhecido o tema Op. 34 utilizado por Benjamin Britten no Guia dos Jovens para a Orquestra.

Quantz, Johann Joachim. Flautista e compositor alemão. Nasceu em Hannover em 1697 e faleceu em Potsdam em 1773, aos 76 anos de idade. Teve a oportunidade de ensinar flauta ao jovem príncipe Frederico. Escreveu mais de 500 obras para flauta entre concertos e música de câmara. É autor de um dos mais célebres tratado sobre a flauta: "Versuch einer Answeisung die Flöte Traversiere zu Spielen".

Tchaikovsky, Piotr Ilitch. Compositor russo. Nasceu em Kamsko-Votkinsk em 1840 e faleceu em São Petersburgo em 1893, aos 53 anos de idade. Destacou-se como sinfonista e autor de música para balé. Suas obras mais conhecidas são: "O Lago dos Cisnes", "Romeu e Julieta", "Suíte Quebra Nozes", "A Bela Adormecida", "Francesca da Rimini", os concertos para piano, para violino e as seis sinfonias. Escreveu, também, músicas de câmara para teclado e música vocal.

Telemann, George Frederick. Compositor alemão. Nasceu em 1681 e faleceu em 1767. Foi um dos compositores mais prolíficos de sua época, tendo escrito diversas músicas de câmara, destacando-se os trios sonatas para flauta e a célebre "Suíte em Lá menor para Flauta e Cordas".

Vivaldi, Antonio. Nasceu em Veneza em 1678 e faleceu em Viena em 1741, aos 63 anos de idade. Filho de músico, estudou para o sacerdócio, mas, logo após ordenar-se, deixou de celebrar missas, alegando questões de saúde e passou a lecionar violino num orfanato para meninas em Veneza. Foi para esse orfanato que Vivaldi escreveu inúmeras obras para violino. Escreveu, também, diversas peças para cordas e mais de 500 concertos, inclusive vários para flauta. O mais conhecido é "O Cardelino". Dentre suas obras orquestrais, destaca-se "As Estações".

DEDILHADO DAS DUAS PRIMEIRAS OITAVAS

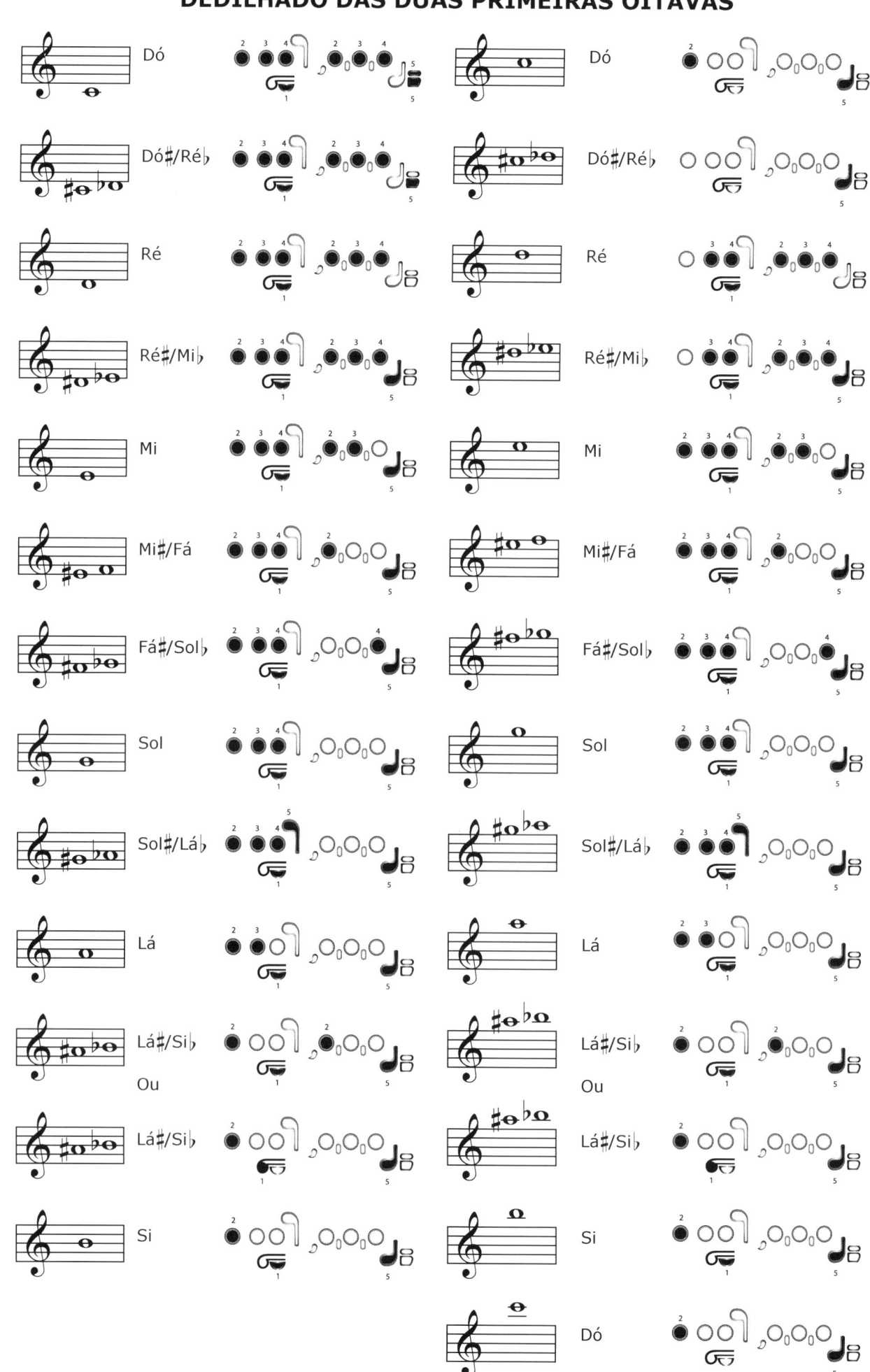